L'enquête feed-back

Collection INTERVENIR

dirigée par MAURICE PAYETTE

La collection **Intervenir** s'adresse aux praticiens qui, à travers leurs activités professionnelles, aident les acteurs d'un milieu à s'engager dans un processus de changement; les titres de cette collection proposent aussi bien des cadres conceptuels que des modèles d'intervention favorisant la rigueur, la cohérence et l'efficacité des pratiques professionnelles.

Déjà parus:

Connaître par l'action
Yves ST-ARNAUD
• 1992, 110 p., broché [2-7606-1557-X]

Gérer les catastrophes
Hélène DENIS
• 1993, 248 p., broché [2-7606-1598-7]

Profession: consultant
Robert LESCARBEAU, Maurice PAYETTE, Yves ST-ARNAUD
• 1990, 342 p., broché [2-7606-1539-1]

Thérapie brève et intervention de réseau: une approche intégrée
Jérôme GUAY
• 1992, 189 p., broché [2-7606-1556-1]

Collection INTERVENIR

dirigée par MAURICE PAYETTE

L'enquête feed-back

Robert Lescarbeau

LES PRESSES DE L'UNIVERSITÉ DE MONTRÉAL
C.P. 6128, Succ. A, Montréal (Québec), Canada, H3C 3J7

Données de catalogage avant publication (Canada)

Lescarbeau, Robert

L'enquête feed-back

(Collection Intervenir)
Comprend des réf. bibliogr. et un index.

ISBN 2-7606-1628-2

1. Changement organisationnel – Évaluation – Méthodologie. 2. Gestion d'entreprise – Évaluation – Méthodologie. 3. Gestion des projets – Évaluation – Méthodologie. 4. Évaluation de programme – Évaluation – Méthodologie. 5. Analyse des besoins – Évaluation – Méthodologie. I. Titre. II. Collection.

| HD58.8.L47 1994 | 658.4'06 | C94-940269-9 |

ISBN 2-7606-1628-2

Dépôt légal, 2ᵉ trimestre 1994 — Bibliothèque nationale du Québec
© Les Presses de l'Université de Montréal, 1994

À Benoît, Éric et Marc

et

À tous les diplômées et diplômés
de la maîtrise en psychologie des relations humaines
du Département de psychologie de l'Université de Sherbrooke,
qui œuvrent auprès des groupes et des organisations.

Table des matières

Liste des figures et des tableaux

Les figures

Les tableaux

Remerciements

L'auteur remercie madame Francine Blouin
pour l'aide appréciable qu'elle lui a apportée
dans la révision du texte
et les commentaires judicieux qu'elle lui a soumis.

Préface

Comme tout artisan, l'intervenant professionnel a besoin d'une bonne boîte à outils : des instruments d'intervention, des méthodes, des techniques. Issus de la pratique, les outils fondent et soutiennent la rigueur et l'efficacité des interventions. L'enquête feed-back est l'un de ces outils que tout professionnel a avantage à bien connaître. Une méthode qui, depuis longtemps déjà, a démontré qu'elle pouvait faciliter le changement dans les systèmes d'activités humaines. Une méthode relativement simple, mais dont l'utilisation peut engendrer un niveau assez élevé de complexité, compte tenu de la grande diversité des situations où elle s'applique. D'où la nécessité de s'appuyer sur un guide sûr pour s'approprier cet instrument d'intervention.

Les nombreux écrits qui exposent et analysent l'enquête feed-back sont pratiquement tous en langue anglaise. Il s'avérait donc pertinent d'offrir aux intervenants francophones un manuel simple et pratique qui exposât cette méthode déjà connue en certains milieux. Pour combler ce vide, Robert Lescarbeau était la personne toute désignée. Praticien, formateur, chercheur, ce spécialiste du développement des organisations a rassemblé en quelques pages faciles d'accès le fruit de ses nombreuses analyses portant aussi bien sur les assises théoriques que sur les processus et les modalités d'application d'une méthode qu'il connaît parfaitement.

En cette ère de gestion participative, de motivation au travail, de recherche de la qualité et d'efficacité, cette publication sera grandement utile aux personnes désireuses de solutionner, par des correctifs appropriés, les difficultés inhérentes à toute organisation.

Maurice Payette

Chapitre 1

Introduction

Un intervenant, qu'il soit débutant ou expérimenté, est constamment à la recherche de nouvelles méthodes de travail, et ce, afin d'améliorer l'efficacité de l'aide qu'il apporte à un client et aux membres d'un système-client.

Plusieurs des méthodes qui ont été développées jusqu'à ce jour sont orientées vers l'atteinte d'un but spécifique. En voici quelques-unes : la méthode en U pour revoir ou ajuster une structure organisationnelle (Mintzberg, 1986), les méthodes de planification stratégique pour aider les gestionnaires à réviser les orientations d'une organisation (Below et coll., 1987), les méthodes de négociation des rôles pour redéfinir les responsabilités qui incombent à certains membres de l'organisation (Harrison, 1972), les méthodes de consolidation d'une équipe naissante pour aider les membres de cette nouvelle équipe à démarrer de façon efficace en précisant les bases de leur fonctionnement (Dyer, 1977; Schein, 1985).

En complément, d'autres méthodes ont été mises au point pour aider les membres d'un milieu à faire une bonne analyse de la situation avant de choisir une direction à prendre. On peut situer dans cette catégorie la méthode du champ de forces qui permet d'identifier les facteurs positifs et négatifs qui influencent une situation ou encore de préciser ce qui milite en faveur d'un changement et ce qui favorise le maintien du *statu quo* (Lewin, 1967; Lefebvre, 1975). Il y a également l'enquête feed-back, méthode qui fait l'objet de cet ouvrage. Ces méthodes sont utilisées pour cerner les différents éléments d'une situation que l'on désire faire évoluer.

Pour l'intervenant, le choix d'une méthode est donc une décision stratégique; c'est un moyen qu'il choisit parmi d'autres. Ce choix, qui influencera la suite du déroulement d'une intervention, s'inscrit habituellement à l'intérieur d'un processus plus large de développement. La méthode y remplit une fonction précise et nécessaire à l'atteinte du but visé par la démarche entreprise.

En elle-même, une méthode est constituée d'une série d'étapes successives et coordonnées entre elles afin de remplir une fonction particulière. L'enquête feed-back est une méthode très polyvalente, qu'un intervenant a intérêt à connaître et à maîtriser. Sa polyvalence se démontre aisément dès que l'on précise dans quels contextes elle est employée.

L'enquête feed-back s'emploie dans une démarche d'évaluation de projet, de programme ou de service. Elle permet alors de recueillir de l'information des personnes concernées. Cette information permettra ensuite d'identifier ce qu'il faut consolider et ce qu'il faut modifier.

À l'intérieur d'un processus d'identification de besoins, l'enquête feed-back s'emploie fréquemment pour cerner les besoins des clients, et ce, dans le but d'aider un organisme à ajuster un produit ou un service. C'est notamment le cas lorsque l'intervenant désire aller au-delà des données quantitatives que d'autres méthodes peuvent lui permettre d'obtenir, et recueillir des données qualitatives qui sont le reflet véritable des besoins de la clientèle. L'enquête feed-back remplit la même fonction dans le cadre d'un plan de développement des ressources humaines.

Dans le cadre d'un projet de changement planifié, l'enquête feed-back est habituellement utilisée pour préciser l'orientation que devrait prendre le changement ou cerner la perception que les acteurs se font du projet et connaître les améliorations à apporter à l'orientation de ce projet. En cours d'implantation du changement, elle peut également servir à circonscrire les problèmes qui se présentent et favoriser l'implication des acteurs dans la recherche de solutions à ces problèmes.

L'enquête feed-back aide à susciter la concertation entre diverses parties qui sont concernées par une problématique particulière ou entre les citoyens d'un quartier ou d'une municipalité relativement à des sujets qui concernent la vie communautaire : développement local, organisation de loisirs, aménagement touristique, insertion de personnes souffrant de handicaps physiques ou mentaux, violence familiale.

À l'intérieur d'un processus de solution de problèmes, l'enquête feed-back est utilisée pour identifier les forces qui concourent à maintenir une situation qui fait problème, et à inventorier les diverses actions qui peuvent être entreprises pour améliorer cette situation.

D'ailleurs, la méthode de l'enquête feed-back a déjà été introduite sommairement dans un ouvrage antérieur consacré à la consultation : *Profession : consultant* (Lescarbeau et coll., 1990). On y lit ce qui suit :

> Plusieurs méthodes de recherche peuvent faciliter une analyse qui conduit à poser correctement un problème. Le modèle intégré privilégie une démarche relativement simple qui consiste à faire émerger et circuler les informations déjà présentes dans le système. Cette méthode s'inspire largement d'une stratégie de développement organisationnel qui a, depuis longtemps, fait la preuve de son efficacité (Nadler, 1977; Bowers, 1973) (p. 173).

À ce jour, peu d'ouvrages écrits en français ont été consacrés à l'étude détaillée de cette méthode; c'est le but poursuivi par celui-ci; il est en fait le prolongement du volume précité et il s'inscrit dans la même conception de la consultation.

Mis à part ce qui est nécessaire à l'étude de l'enquête feed-back, l'auteur utilisera plusieurs notions qui ont déjà été clarifiées dans le manuel mentionné plus haut; ces notions ne seront pas détaillées à nouveau dans celui-ci. Le lecteur aurait donc intérêt à prendre connaissance tout d'abord de l'ouvrage antérieur, s'il n'est pas familier avec le processus de consultation ou avec les expressions suivantes : approche systémique, cadre de référence, catalyseur de ressources, champ de compétence du client et du consultant, client, contrat, efficacité de l'intervention, entrée, étapes de l'orientation, frontières du système-client, incident critique, processus, relation coopérative, situation initiale.

Le lecteur comprendra que l'intervenant qui a le plus souvent l'occasion d'utiliser la méthode de l'enquête feed-back est celui qui exerce la profession de consultant ou remplit cette fonction. C'est ce qui explique que l'auteur présente cette méthode dans la perspective d'une intervention de consultation. Il ne faudrait pas conclure pour autant que les consultants, qu'ils soient internes ou externes, sont les seuls à pouvoir employer l'enquête feed-back dans leur pratique professionnelle. Au contraire. Un gestionnaire qui désire procéder à une consultation avant de prendre une décision, une coordonnatrice qui s'apprête à évaluer un projet, une directrice des ressources humaines qui doit apprécier le degré de satisfaction au travail des employés d'une entreprise, un organisateur communautaire qui entreprend une analyse de besoins avant d'élaborer un programme, voilà autant de professionnels qui ont intérêt à connaître cette méthode et à la considérer comme une stratégie d'intervention efficace.

Cet ouvrage comprend neuf chapitres, incluant cette introduction. Le chapitre qui suit illustre globalement l'application de la méthode dans cinq interventions différentes qui se déroulent dans autant de milieux. Le troisième situe les assises de l'enquête feed-back. Le quatrième présente les étapes préparatoires à l'application de la méthode dans un milieu particulier. Le cinquième examine les étapes de la mise au point des méthodes de cueillette, et l'application de ces méthodes. Le sixième couvre les aspects qui sont relatifs au traitement des données. Le septième considère la question importante du retour d'information. Le huitième aborde le choix des priorités d'action et la planification des suites à donner. Enfin, le neuvième chapitre présente une conclusion en examinant certaines conditions d'efficacité de l'enquête feed-back.

Chapitre 2

Illustration de l'enquête feed-back
à travers cinq interventions

L'enquête feed-back est une méthode de circulation d'information qui permet à un consultant et aux personnes concernées par une situation de conjuguer leurs efforts pour rassembler des données pertinentes, analyser et interpréter ces données, et ce, afin d'identifier des priorités d'action nécessaires à l'atteinte du but poursuivi par l'intervention.

Pour les personnes concernées, le fait de collaborer à l'interprétation de ces données fait évoluer leur perception de la situation initiale et leur permet de mieux appréhender les différents éléments qui viennent influencer cette situation. Par conséquent, les priorités d'action qui vont découler de cet exercice contribuent généralement à faire progresser la situation initiale car elles cernent les principaux facteurs sur lesquels les acteurs sont prêts à agir.

Afin d'illustrer globalement ce qui précède, l'application de l'enquête feed-back dans le cadre de cinq interventions différentes sera exposée sommairement. En prenant connaissance de chacune de ces illustrations, le lecteur est invité à porter son attention sur les quatre points suivants :

— *La variété des situations* initiales et des interventions dans lesquelles l'enquête feed-back s'insère; la polyvalence de cette méthode sera ainsi démontrée.

— *La variété des modalités d'application* de la méthode; cette variété illustre sa flexibilité et son adaptation à la nature des interventions et au contexte dans lequel elle s'insère.

– *L'aspect progressif du déroulement,* qui fait de l'enquête feed-back une stratégie *douce* et accessible tant au consultant qui débute qu'à celui qui est expérimenté.

– *La concertation entre tous les acteurs,* qui est l'essence même de la méthode et, de ce fait, un complément approprié au processus de consultation.

La présentation des quatre premières illustrations a été rédigée de façon à protéger l'anonymat des milieux où chacun de ces projets a été réalisé. Les noms ont été modifiés et, dans certains cas, la nature même de l'organisation a été changée. Cette précaution n'a pas été prise pour la cinquième illustration puisque les données sur lesquelles elle repose sont du domaine public.

Le cas de l'entreprise Alie

Dans la première illustration, celle de l'entreprise Alie, l'enquête feed-back a été réalisée auprès des membres de plusieurs comités. Le cheminement auprès de chacun des comités se déroulait indépendamment du cheminement auprès des autres.

Au début de la démarche globale, le consultant a constaté que des éléments qui influençaient la situation initiale ne pourraient probablement pas évoluer si certaines actions n'étaient prises par la direction de l'usine. Avec l'assentiment des membres de chaque comité, les éléments qui échappaient à leur contrôle ont été transmis à une instance supérieure.

Le centre hospitalier Les Jardins

Le deuxième exemple est celui du centre hospitalier Les Jardins. La situation initiale concerne quatre catégories du personnel : l'infirmière-chef, ses assistantes, les infirmières et les préposées. Ces unités de personnel sont regroupées au sein d'un service qui se décompose en trois secteurs et elles se répartissent sur trois quarts de travail.

L'imprimerie Création 2001

Le troisième cas, celui de l'imprimerie Création 2001, implique des travailleurs peu scolarisés. L'enquête feed-back a rejoint soixante-quinze personnes réparties en cinq catégories d'emploi et trois niveaux hiérarchiques. Le tiers de l'effectif de cette entreprise a été associé à cette intervention.

L'Association des entrepreneurs en rénovation et en restauration

La quatrième illustration met en scène les membres d'une association professionnelle du secteur de la construction, qui sont répartis dans neuf régions. Les pistes d'action ont d'abord été suggérées par les groupes locaux. Une table de concertation provinciale a ensuite permis de retenir les priorités qui ont été soumises aux membres du conseil d'administration de cet organisme.

Le Comité consultatif de la gestion du personnel

Finalement, la dernière illustration s'appuie sur une consultation qui a été entreprise en 1990 et en 1991 auprès des cadres intermédiaires de la fonction publique. Elle a nécessité des travaux qui se sont échelonnés sur un peu plus de huit mois et qui ont impliqué plus de 1 500 personnes réparties dans tous les coins de la province de Québec.

Pour chacune de ces illustrations, le lecteur retrouve une brève description du milieu et de la situation initiale, la demande adressée au consultant, la démarche adoptée, les résultats obtenus, les pistes d'action qui ont été suggérées et les suites à donner qui ont été prévues.

Dans les trois premières illustrations, l'enquête feed-back est intégrée à un processus de solution de problème. Dans les deux dernières, elle fait partie d'un processus d'évaluation.

1. LE CAS DE L'ENTREPRISE ALIE

L'entreprise Alie est spécialisée dans la fabrication d'outillage; sa clientèle est essentiellement industrielle. On y produit des pièces d'équipement en employant des alliages métalliques particuliers. C'est une entreprise où se côtoient la production assistée par ordinateur, la taille des métaux au laser et d'autres techniques de pointe. Par conséquent, son personnel se compose de diplômés ayant une formation professionnelle ou universitaire.

Les particularités de ce personnel ont incité monsieur Alie, fondateur et p.-d.g. de l'entreprise, à la structurer en s'inspirant des tendances modernes en matière de gestion participative. Il a privilégié la constitution d'équipes de travail semi-autonomes, et a mis l'accent sur la polyvalence du personnel.

C'est ainsi que chaque équipe est responsable de la planification et de l'exécution du travail qui lui incombe. Elle est dirigée par un coordonnateur choisi parmi les membres de l'équipe et dont le mandat est de deux ans, renouvelable une seule fois de façon consécutive. Le coordonnateur a pour fonction de faciliter la production de l'équipe et de maintenir des liens avec les autres équipes de l'usine.

En plus, les activités de gestion de l'équipe sont assumées par un comité auquel siège le coordonnateur. Les membres de ce comité désignent un «facilitateur» dont la fonction est de préparer les réunions, d'animer les discussions et d'encadrer les prises de décision. La composition de ce comité varie selon les équipes : il compte entre cinq et onze membres élus par le personnel de l'équipe. Le mandat de ces membres est d'une durée de deux ans, non renouvelable de façon consécutive. À chaque année, on remplace la moitié des membres de chaque comité; c'est de cette façon que la continuité et la stabilité sont assurées.

Ce mode d'organisation fait de chaque comité un rouage important dans l'efficacité des équipes et dans la gestion de l'usine. Cette entreprise compte les six équipes suivantes :

– les relations avec la clientèle, l'ingénierie et le dessin;
– la production au laser;
– la forge;
– le traitement des métaux;
– le support à la production;
– le support administratif.

On y retrouve donc six comités qui gèrent les activités de deux cent cinquante personnes.

Outre ces comités, il en existe cinq autres qui administrent des dossiers particuliers et assurent ainsi la coordination de chacun des éléments de l'entreprise. Ces cinq comités sont les suivants :

– Santé et sécurité;
– Rémunération et communication;
– Budget et gestion financière;
– Vision future, responsable du développement stratégique de l'entreprise;
– Gestion de l'usine, qui regroupe tous les coordonnateurs d'équipe, le p.-d.g. et le responsable des relations avec les employés et du développement des ressources humaines.

La rentabilité de l'entreprise est assurée lorsque le nombre d'heures imputées aux frais de fabrication indirects est inférieur à 20 % du temps total de production. Le temps imputé aux frais de fabrication indirects correspond à la période qui est consacrée à la formation, aux réunions, à l'entretien des appareils et des édifices et aux congés personnels. Un système informatisé permet de contrôler le temps de chaque employé et d'obtenir les données nécessaires à la facturation et à la rémunération.

Au cours des six derniers mois, le temps imputé aux frais de fabrication indirects n'a cessé d'augmenter; il se situait à 27 % lorsque le p.-d.g. a décidé d'intervenir. Un examen plus approfondi a révélé que le temps passé en réunions avait crû démesurément au cours de cette période. De plus, un sondage effectué récemment par le comité Gestion de l'usine auprès de tout le personnel indiquait qu'il y avait de l'insatisfaction concernant le temps que certains passaient en réunions «inutiles», car cela obligeait les autres à assumer un surplus de production.

Au moment où le dossier a été débattu, d'autres symptômes ont été découverts : dans certains comités, on remettait souvent en cause les décisions déjà prises; les relations entre le coordonnateur et le «facilitateur» étaient plutôt tendues dans certains autres comités; dans quelques-uns, on semblait prendre assez souvent des décisions hâtives qui s'avéraient coûteuses par la suite, tant au chapitre des coûts de production qu'à celui de l'harmonie entre les équipiers.

À la suite de cette discussion au comité Gestion de l'usine, monsieur Alie a fait appel à un consultant pour redresser la situation. Sa demande comportait deux volets : d'une part, cerner ce qui causait l'augmentation du temps passé en réunions et, d'autre part, identifier ce qui serait susceptible d'améliorer l'efficacité des comités. Il souhaitait que le personnel concerné soit activement associé à cet examen de la situation. De plus, le consultant apprenait du p.-d.g. qu'une formation au travail en équipe avait été dispensée, il y a deux ans, à toutes les personnes qui siégeaient à des comités.

Au terme de cette rencontre, le consultant s'engage à soumettre un projet d'intervention avant la fin de la semaine. Ce projet précisera les points suivants :

- sa compréhension de la situation;
- le but de l'intervention;
- la démarche envisagée;
- les signes de succès qui seront proposés pour l'évaluer;
- les rôles du consultant et du personnel;
- un échéancier et une prévision des coûts.

Le projet d'intervention que le consultant transmet à monsieur Alie prévoit les étapes suivantes :

1. Présentation du projet par monsieur Alie aux membres du comité Gestion de l'usine. Le consultant assistera à la rencontre pour fournir, au besoin, un supplément d'information sur la démarche projetée.
2. Détermination du champ d'investigation avec les membres du comité d'usine.
3. Présentation du projet à chaque comité de travail par le coordonnateur de l'équipe.
4. Planification de la cueillette des données.
5. Cueillette des données auprès des membres de chaque comité.
6. Analyse des données relatives à chaque comité.
7. Présentation des résultats aux membres de chaque comité.
8. Identification des correctifs à apporter au sein de chaque comité et planification des suites à donner.
9. Détermination, avec les membres de chaque comité, de ce qui sera transmis aux membres du comité Gestion de l'usine par le coordonnateur de l'équipe et le consultant.
10. Présentation au comité Gestion de l'usine des résultats de chaque démarche effectuée auprès des comités et identification des suites à donner au niveau de l'entreprise.
11. Évaluation de l'intervention avec le p.-d.g.

Monsieur Alie et les membres du comité Gestion de l'usine acceptent la proposition du consultant. De plus, les coordonnateurs d'équipe demandent que le consultant vienne présenter le projet aux membres de chaque comité. Le consultant accepte et planifie cette rencontre avec chacun d'eux.

Le coordonnateur, assisté du consultant, procède à l'information des membres. Au cours de cette rencontre, le consultant présente les aspects qui seront investigués. Les participants font des suggestions de pistes additionnelles et, au terme de chaque rencontre, on s'entend sur le champ d'investigation et sur le déroulement de la démarche auprès de chaque comité.

Le consultant prépare ensuite ses séances d'observation et ses entrevues de cueillette de données, et les effectue. Pour chaque comité, il compile les données qu'il a recueillies, les analyse sommairement et procède à une séance de retour d'information, c'est-à-dire à une rencontre au cours de laquelle les résultats de l'analyse sont présentés aux répondants, dans le but de faire valider ces résultats et de dégager des pistes d'action. Ensuite, il aide les membres de chaque comité à s'entendre sur des suites à donner et, avec eux, précise ce qui sera éventuellement transmis aux membres du comité Gestion de l'usine.

À titre d'exemple, voici ce qui est ressorti d'une séance de retour d'information :

- Il y a autant de définitions du mandat de ce comité qu'il y a de membres.

- L'écoute est déficiente.

- On manque de discipline : on discute à la fois de plusieurs sujets, les décisions sont généralement trop hâtives et on ne sait pas toujours sur quoi on travaille.

- Il y a de l'affrontement entre deux clans qui se comportent comme des adversaires.

- On ne semble pas savoir comment définir un problème.

- On interagit avec des fantômes. Par exemple, on prend une décision sur un sujet. Par la suite, cette décision est communiquée aux membres de l'équipe. Certains sont en désaccord avec la décision qui a été prise et le sujet est ramené devant le comité à la réunion suivante. Ainsi, dans un dossier donné, cette expérience s'est produite à cinq reprises.

- On prend des décisions sans fixer de mandat pour les suites à donner. La semaine suivante, il n'y a rien de fait. Cela se produit trop souvent.

- On ne semble pas savoir comment préparer les réunions.

- Le « facilitateur » n'encadre pas vraiment la discussion ; il ne fait que donner la parole.

La présentation des résultats relatifs à chaque comité et les discussions qui ont suivi ont permis d'identifier des correctifs à apporter au fonctionnement de chacun. Ces correctifs ont généralement été reliés au fonctionnement des membres eux-mêmes, aux responsabilités qui incombent au secrétaire, au « facilitateur » et au coordonnateur. Ce retour d'information a même permis de clarifier quelques points ambigus et de dénouer certaines impasses qui étaient la cause de tensions entre les membres de plusieurs comités.

Tout au long de la démarche, le consultant est demeuré en lien avec monsieur Alie pour l'informer de la progression de l'intervention. Au terme de cette dernière, quatre mois plus tard, il présente au comité Gestion de l'usine les considérations suivantes :

1. Le mandat des comités est à préciser à nouveau ; plusieurs ambiguïtés entourent ce mandat et celui qui incombe aux coordonnateurs.

2. Les « facilitateurs » de chacun de ces comités ne sont pas assez formés pour remplir efficacement leur rôle.

3. La personne responsable de la formation dans l'entreprise devrait être disponible pour apporter du soutien aux différents comités lorsqu'on y éprouve des difficultés de fonctionnement.

4. Le p.-d.g. ou le comité Gestion de l'usine devrait, une fois l'an, évaluer la performance de chaque comité au même titre qu'on évalue le rendement individuel.

5. Au sein de chaque comité et à chaque année, des activités de formation devraient viser les points suivants : la préparation et la structuration d'une réunion, l'application du processus de décision, la façon de différencier un fait d'une opinion ou d'une préférence.

6. Un contrôle plus rigoureux devrait être exercé sur la mise en place de nouveaux comités. Présentement, il existe 44 comités différents qui échappent au contrôle du comité Gestion de l'usine. N'importe qui semble pouvoir créer à sa guise un comité de travail; de nombreux chevauchements ont été relevés.

Deux mois plus tard, monsieur Alie rappelait le consultant pour lui proposer d'agir en tant que conseiller auprès des coordonnateurs et des «facilitateurs» de sept comités. Le consultant apprenait à cette occasion que l'enquête feed-back qui avait été menée auprès de chaque comité avait permis d'assainir le climat et de renouveler l'enthousiasme des membres de ces comités. Le temps consacré aux réunions avait diminué, mais il fallait maintenant s'attaquer à l'efficacité du travail dans ces réunions.

2. LE CENTRE HOSPITALIER LES JARDINS[1]

Le centre hospitalier Les Jardins est un établissement de soins généraux qui compte trois cent soixante lits, et qui fournit du travail à plus de mille personnes.

Il y a sept ans, des médecins de la région pratiquant l'obstétrique, ceux des CLSC et de certains cabinets privés, ont entrepris de modifier leur pratique pour mieux répondre aux demandes croissantes que leur formulaient les femmes et les jeunes couples. On notait d'ailleurs que de plus en plus de sages-femmes accompagnaient les mères de la gestation à la naissance.

Le centre hospitalier Les Jardins n'a pu se soustraire à ces pressions, d'autant plus qu'un regroupement songeait à entreprendre des

---

1. Cette illustration s'inspire d'un document inédit rédigé par Mme Diane Bond.

démarches afin d'obtenir les autorisations requises pour la mise sur pied d'une clinique d'obstétrique d'avant-garde. Il y a quatre ans, la Direction générale de l'établissement a donc décidé de regrouper les secteurs de l'obstétrique, de la maternité et de la pouponnière au sein d'un nouveau service : le Service des soins de natalité. Les locaux ont été réaménagés en conséquence.

Le Service des soins de natalité favorise la cohabitation de la mère et de l'enfant. Les aménagements permettent donc à la mère qui le désire de garder son bébé près d'elle, à moins que ce dernier ne requière une surveillance particulière ou qu'elle-même préfère que l'enfant soit pris en charge par l'équipe de soins de la pouponnière. On veut ainsi permettre à l'unité familiale, soit la mère, le père et, le cas échéant, le frère et la sœur du nouveau-né, d'intégrer rapidement ce nouveau membre. De plus, on cherche à faciliter l'apprentissage des parents quant à l'observation des comportements de l'enfant et aux soins à lui donner.

Ces préoccupations se sont traduites également dans la structuration de l'équipe de soins de ce nouveau service. Ainsi, l'infirmière est devenue responsable des soins à prodiguer tant à la mère qu'à l'enfant. Lorsque la mère le désire, elle l'assiste dans les soins qu'elle donne à son enfant. Si le nouveau-né est en pouponnière, c'est cette même infirmière qui fait le lien entre la mère et les membres de l'équipe de soins de la pouponnière.

L'équipe de soins du service est constituée d'une infirmière-chef, de trois assistantes, d'une quarantaine d'infirmières à temps plein, dont des puéricultrices, une douzaine d'infirmières à temps partiel et huit préposées aux bénéficiaires. Le personnel de ce service est polyvalent : chaque membre est en mesure d'intervenir autant en obstétrique qu'en maternité ou en pouponnière; on pratique d'ailleurs la rotation du personnel.

Cette réorganisation était en place depuis trois ans lorsqu'on a fait appel à la consultante. Voici en quels termes la situation lui a été présentée. Un certain essoufflement est ressenti par le personnel infirmier du Service des soins de natalité. Cet essoufflement se traduit par une certaine fatigue, une baisse de créativité pour trouver des solutions permanentes aux problèmes, le développement de certains malaises physiques, une augmentation du taux d'absentéisme et le départ de certains piliers. Les employées trouvent leur travail lourd et moins gratifiant. Elles se sentent surchargées de travail et s'en plaignent souvent à la chef de service. Cette situation existe de façon plus significative depuis l'été dernier, plus précisément depuis le mois d'août, ce qui semble coïncider avec l'accroissement du volume des activités au sein du Service des soins de natalité.

La directrice des soins infirmiers et l'infirmière-chef demandaient donc à la consultante de les aider à cerner les causes de cette *fatigue collective* ressentie par le personnel infirmier du Service des soins de natalité et à trouver des éléments de solution à ce malaise, et ce, tout en conservant la structure organisationnelle du service.

À la suite de cette première rencontre, la consultante a proposé à la directrice des soins infirmiers et à l'infirmière-chef une démarche qui a été agréée après certaines modifications mineures. Voici comment s'est déroulée cette intervention.

Présentation de la démarche au personnel

Le cheminement prévu a été présenté au personnel régulier de jour, de soir et de nuit. Au cours de ces rencontres, la consultante et l'infirmière-chef exposaient les points suivants :
- la description de la situation de départ qui avait été communiquée à la consultante;
- le but poursuivi;
- les principales étapes qui seraient franchies;
- la contribution attendue du personnel.

Puis elles invitaient les participantes à leur faire part de leurs réactions.

Ces rencontres leur avaient permis d'obtenir la participation du personnel à ce projet. Par ailleurs, plusieurs personnes avaient manifesté de la méfiance à l'endroit de toute la démarche. Cette méfiance traduisait les tensions qui existaient quant à la gestion des ressources humaines.

Préparation de la démarche avec l'infirmière-chef

La consultante et l'infirmière-chef se sont rencontrées pour planifier le déroulement détaillé de la démarche. Elles ont par conséquent déterminé ensemble les points suivants :
- Auprès de quelles personnes l'information sera-t-elle recueillie? C'est à ce moment qu'elles ont décidé d'associer le personnel occasionnel à cette consultation.
- Qui participera à la préparation des instruments de cueillette et qui les approuvera? Il a été décidé que ces instruments seraient élaborés par la consultante et qu'ils seraient ensuite soumis à

l'infirmière-chef et à la directrice des soins infirmiers avant d'être appliqués.

- Qui recueillera l'information auprès des membres du système-client? Dans les circonstances, il semblait préférable, pour protéger l'anonymat des répondantes et leur permettre de s'exprimer librement, que ce soit la consultante elle-même qui s'en charge. Au départ, cette dernière avait prévu associer l'infirmière-chef à cette opération.

- Qui se chargera de la convocation des répondantes? C'est l'infirmière-chef qui s'en chargera. Ainsi, s'il survient des urgences dans un secteur particulier, elle pourra les prendre en considération avant de libérer du personnel pour participer aux entrevues.

- Quelles dimensions et quelles sous-dimensions seront investiguées dans le cadre de ces entrevues et quelles sont celles qui seront exclues? La consultante et l'infirmière-chef ont décidé de ne pas explorer systématiquement certains contenus mais d'attendre plutôt que le personnel les aborde spontanément.

- Comment sera recueillie l'information? Elles ont convenu de combiner le questionnaire et l'entrevue de groupe. Le personnel sera convoqué par sous-groupe de quatre personnes pour une entrevue d'une durée de deux heures. Le questionnaire sera employé pour obtenir des renseignements sur des points spécifiques complémentaires à ceux abordés en entrevue. Il sera administré en début d'entrevue.

- Quand cette information sera-t-elle recueillie? L'infirmière-chef désire profiter d'une période moins achalandée pour procéder à ces entrevues.

Préparation des instruments de cueillette

À la lumière des décisions prises antérieurement, la consultante a préparé le questionnaire qu'elle a soumis tout d'abord à un spécialiste en méthodologie, dans le but de faire évaluer la structure de son instrument. Ensuite, elle a articulé sa stratégie d'entrevue de groupe. L'infirmière-chef a été invitée à examiner le questionnaire et le schéma d'entrevue, d'une part pour évaluer l'accessibilité du vocabulaire employé et, d'autre part, pour vérifier si ces instruments traduisaient bien les ententes préalables.

Cueillette d'information

Le questionnaire a été ajusté en cours de cueillette, le nombre restreint de répondantes n'ayant pas permis de faire un prétest. Ainsi, certaines questions ont dû être décomposées pour permettre aux répondantes de fournir l'information nécessaire à l'atteinte des buts poursuivis.

Au cours des entrevues, quelques incidents de parcours se sont produits, et ils ont été traités par la consultante. De plus, la stratégie d'entrevue a dû être reconsidérée, le temps prévu pour répondre à certaines questions étant insuffisant.

Analyse des données

La consultante a compilé les données en faisant référence au plan d'analyse qu'elle avait préparé. Puis, en examinant le lien qui existait entre ces différents éléments et le but de la cueillette des données, elle a déterminé quels étaient les éléments de contenu qui devaient être conservés aux fins de l'analyse. Ainsi, cet exercice a permis de dégager des données quantitatives et qualitatives qui ont permis de procéder à l'opération suivante.

Au cours de cette opération, avec l'aide de l'infirmière-chef, la consultante a fait ressortir les éléments qui pouvaient éclairer les causes de cet épuisement professionnel qui affectait le service. Certaines données faisaient référence au style de *leadership* de l'infirmière-chef. La consultante a donc dû passer un certain temps à apporter du soutien personnel à cette dernière et l'aider à se situer par rapport aux attentes qui lui étaient ainsi communiquées.

Présentation des données analysées au personnel

Après avoir précisé quelle personne présenterait les données au personnel et quel serait le rôle des répondantes dans le choix des priorités d'action, la consultante et l'infirmière-chef ont déterminé sous quelle forme cette information serait transmise aux répondantes. La structure de la séance de retour d'information a aussi été prévue et la période de présentation choisie.

Ce retour d'information avait pour but de faire valider les données recueillies et de les compléter, de faire réagir le personnel à l'interprétation qui avait été formulée et de l'associer à l'identification des pistes d'action.

Cette présentation des données a été faite en morcelant le personnel des quarts de jour et de soir en petits groupes de six à huit répondantes. Le personnel de nuit a été rencontré en deux groupes. Des pistes d'action ont été identifiées par tous les groupes, sauf deux qui s'y sont opposés, alléguant que tous les éléments étaient d'importance égale.

Durant les activités de retour d'information, un incident critique est venu compromettre la suite des opérations. La Direction des services infirmiers venait de diffuser l'horaire des vacances, et cet horaire avait produit une très grande insatisfaction chez le personnel infirmier. Les infirmières se sont réunies pour traiter de la question sans la présence de l'infirmière-chef. Elles ont décidé d'exiger de leur syndicat la négociation d'un nouvel horaire, un ajout de personnel régulier et un plan de formation mieux structuré. Elles ont également décidé de mettre en place d'autres mesures de pression, dont leur collaboration au projet en cours. La Direction des services infirmiers et la Direction du personnel ont réagi positivement aux exigences syndicales en ouvrant onze nouveaux postes, en réaménageant l'horaire des vacances et en promettant de revoir les plans de formation. Toute cette négociation s'est faite également sans que l'infirmière-chef y soit impliquée.

Devant ces incidents, la consultante et l'infirmière-chef ont décidé de suspendre la démarche, jugeant qu'il était inutile d'avoir une approche de collaboration pour solutionner un problème alors que les attitudes des *leaders* du service semblaient être orientées vers la confrontation et l'affrontement.

Au début de cette démarche, le personnel de l'équipe de soins du service de natalité semblait attribuer le problème uniquement à un manque de personnel. Cette démarche a permis de mettre en relief d'autres éléments qui, autrement, seraient passés inaperçus. Si l'on se fie aux données recueillies et validées par les répondantes, l'épuisement professionnel des membres de cette unité administrative serait attribuable à cinq causes principales :

1. La charge de travail du personnel qui semblait inadéquate parce que trop lourde et mal structurée.

2. La relation de collaboration entre les infirmières et les médecins était insatisfaisante. Cette insatisfaction était principalement reliée au non-respect des protocoles par certains médecins.

3. La *technologie* utilisée ne facilitait pas le travail des différentes catégories de personnel. Il y avait, entre autres choses : des carences au chapitre de la tenue des dossiers des bénéficiaires; l'orientation de certains protocoles; un manque de disponibilité de certains équipements.

4. Des lacunes quant à l'encadrement de gestion :
   - il n'y a pas eu d'évaluation du personnel depuis plusieurs années;
   - il y a absence de feed-back pour aider les différentes catégories de personnel à apprendre;

- il y a une carence au niveau des réunions d'information ou de consultation;
- il n'y a pas de définition précise des rôles et des pouvoirs des assistantes et de l'infirmière-chef;
- il y a peu de soutien fourni aux infirmières par les assistantes et l'infirmière-chef;
- il y a des carences importantes au chapitre de la circulation de l'information; les rumeurs vont bon train;
- il y a des conflits interpersonnels entre plusieurs infirmières.

5. Les exigences des couples produisent des tensions entre le personnel infirmier et les clients du service.

La consultante a donc remis un rapport faisant état des données recueillies et des priorités d'action retenues. Elle a remis ce rapport à l'infirmière-chef. Ensemble, elles ont rencontré la directrice des soins infirmiers pour lui présenter ce rapport et lui annoncer la suspension de la démarche en cours. Une note de service a été préparée à l'intention du personnel l'informant que, dans les circonstances, le projet entrepris était suspendu. L'auteur n'est pas en mesure de préciser si ce projet a été poursuivi par la suite ou s'il a été abandonné.

3. L'IMPRIMERIE CRÉATION 2001[2]

L'imprimerie Création 2001 existe depuis une vingtaine d'années et œuvre dans un domaine très compétitif et très spécialisé, soit l'impression de livres et de magazines. La clientèle y retrouve une gamme de produits diversifiés, allant de la composition assistée par ordinateur à la reliure. L'entreprise offre un service complet. On y emploie plus de 250 personnes réparties dans quatre services : le Service de la production, le Service de la reliure, le Service à la clientèle et le Service des finances.

Le Service de la reliure comprend soixante-quinze employés divisés en trois corps d'emploi : les compagnons, les grecqueurs et les journaliers. Les compagnons ont la responsabilité d'opérations spécialisées : le coupage, le pliage et l'assemblage. Les grecqueurs s'occupent de la couture et de la réparation des livres. Les journaliers, quant à eux, font un travail qui ne requiert pas de spécialisation.

Le p.-d.g. de Création 2001 contacte un consultant pour lui demander de l'aider à résoudre un problème qui existe depuis quelque

---

2. Cette illustration s'inspire d'un document inédit rédigé par M. Claude Paré.

temps au Service de la reliure. On y constate un fort roulement de personnel, en dépit des salaires qui se situent au-dessus de ceux qui sont versés par les concurrents. On y compte également de nombreuses erreurs de production qui grugent la marge des bénéfices de façon alarmante. Les accidents de travail douteux se multiplient et font gonfler les réclamations de la CSST[3]. Le taux d'absentéisme élevé et la faible motivation pour le travail rendent parfois les échéances difficiles à respecter; les contremaîtres sont obligés de se comporter en préfets de discipline, ce qui envenime les choses.

À la suite de quelques rencontres avec le p.-d.g., le consultant accepte le mandat, et ce, après avoir obtenu que le directeur du Service de la reliure y soit associé dès le départ. Il est donc convenu que le consultant leur présentera, au cours de la semaine suivante, un projet d'intervention écrit. Une autre rencontre est fixée pour faire l'étude de ce projet qui est accepté par les deux gestionnaires. La semaine suivante, le consultant se mettait à l'œuvre pour entreprendre la démarche décrite plus loin.

Informer les employés et les contremaîtres

Le consultant demande au directeur du Service de la reliure d'informer les employés des quarts de jour et de soir et leurs contremaîtres des buts de l'intervention qui s'amorce et de ses principales étapes.

Une lettre d'information a donc été préparée et d'abord présentée aux trois contremaîtres par le directeur et le consultant. Après plusieurs questions de clarification, ceux-ci ont accepté d'appuyer la démarche. Puis, cette lettre a été affichée aux babillards placés dans différents secteurs de ce service.

Planifier la cueillette d'information

Deux jours plus tard, le consultant rencontrait le directeur du Service de la reliure. Ce dernier avait invité son assistant à cette rencontre. Après avoir vérifié ce que l'assistant connaissait du projet et avoir fourni des précisions sur certains points, le consultant présentait les résultats qu'il souhaitait atteindre au terme de cette rencontre.

Le projet qui avait déjà été adopté précisait les dimensions que cette consultation devait couvrir et prévoyait que les données seraient

---

3. Commission de la santé et de la sécurité du travail.

recueillies par le consultant au moyen d'entrevues individuelles. Il précisait également que ce dernier devait interroger le tiers du personnel des équipes de jour et de soir. Il restait encore un certain nombre de points à préciser, tâche à laquelle ont été associés le directeur et son assistant.

Au terme de la rencontre, ils avaient précisé les points suivants :
- les catégories d'employés qui seraient consultés;
- le nombre de répondants de chaque catégorie qui seraient interrogés;
- les méthodes qui seraient employées pour choisir les répondants;
- la personne qui convoquerait les employés et le lieu où se dérouleraient les entrevues;
- les mesures qui seraient prises pour protéger l'anonymat des répondants;
- la personne qui allait construire les instruments de cueillette;
- la personne qui allait les approuver;
- les contenus qui feraient l'objet des entrevues.

Quant à ce dernier point, le consultant avait quelques propositions à soumettre à l'examen des gestionnaires.

La rencontre a permis au consultant et à ses clients de prendre les décisions requises pour l'exécution de la cueillette des données. En outre, il a été convenu que le consultant ferait deux jours d'observation pour se familiariser avec les opérations de l'entreprise.

Recueillir l'information

En tenant compte des décisions prises avec le directeur du Service de la reliure et son adjoint, le consultant a peaufiné la structure de ses entrevues, structure qu'il a soumise à un prétest en l'utilisant auprès de l'adjoint au directeur, afin de s'assurer que les questions étaient claires et qu'elles intégraient adéquatement le langage courant et les expressions du milieu.

Traiter l'information

Avant d'entreprendre le traitement de l'information, le consultant a de nouveau rencontré le directeur et son adjoint pour, d'une part, les informer que la cueillette tirait à sa fin et, d'autre part, s'entendre sur les critères qui lui permettraient de déterminer quelles données seraient utilisées lors de l'analyse. Le consultant, le directeur et son adjoint se sont entendus sur les critères suivants :

- toute information qui permettrait d'atteindre les objectifs du projet;
- toute information ayant une fréquence de mention supérieure à quatre pour les employés rémunérés à l'heure et à trois pour les démissionnaires;
- tous les facteurs recueillis auprès des contremaîtres.

Par la suite, le consultant a procédé à la compilation des renseignements obtenus dans le cadre des entrevues. L'utilité de ses deux jours d'observation lui est apparue au moment de la compilation. Certaines informations ont alors pris une couleur particulière lorsqu'elles étaient juxtaposées à certaines constatations faites ou à des hypothèses qu'il avait alors formulées.

Le projet initial prévoyait que les données relatives aux employés rémunérés à l'heure seraient analysées par un comité *ad hoc* d'employés, tandis que les données provenant des membres démissionnaires le seraient par les trois contremaîtres et que ces derniers seraient invités à compléter l'analyse que le consultant ferait des informations qu'ils lui auraient communiquées.

La direction de l'entreprise avait prévu libérer les membres du comité *ad hoc* et les contremaîtres pour une durée d'au plus trois heures pour effectuer les tâches d'analyse. Devant la quantité d'information générée par les entrevues, le consultant a apprécié le fait de pouvoir disposer de critères qui lui permettaient de ne conserver que les principales insatisfactions recueillies.

Présenter l'information aux employés

Après avoir réalisé les tâches qui lui incombaient, le consultant devait constituer le comité *ad hoc* prévu pour procéder à l'analyse des données provenant des employés rémunérés à l'heure. Avec le directeur, il a tout d'abord convenu que ce comité comprendrait six personnes, soit trois du quart de jour et trois du quart de soir, et que chaque catégorie d'emploi y serait représentée.

Pour choisir les participants, le consultant a proposé d'appliquer les critères suivants:

- l'habileté à s'exprimer verbalement et de façon nuancée;
- la capacité de travailler en équipe;
- la capacité d'analyser une situation;
- avoir des contacts fréquents et suivis avec ses pairs;
- jouir d'une certaine influence dans son groupe de travail.

Le directeur a souscrit à ces critères et, après avoir consulté les contremaîtres, il remettait au consultant une liste de six participants.

Le consultant a ensuite rencontré chaque employé désigné pour solliciter sa collaboration et le convoquer à la première séance de travail, fixée à la jonction des deux quarts de travail. Les six personnes ayant accepté de participer aux travaux du comité *ad hoc*, le consultant en a informé le directeur en lui rappelant les dates prévues pour ces rencontres.

Le travail avec les membres de ce comité devait s'échelonner sur deux semaines. Il était prévu une première rencontre, d'une durée d'une heure, au cours de laquelle les résultats seraient présentés aux membres du comité. Puis les membres auraient le mandat de consulter leurs pairs, afin de vérifier si les données retenues traduisaient adéquatement la perception qu'ils avaient de la situation. Enfin, une seconde séance de travail, d'une durée de deux heures, servirait à compléter l'information, à l'analyser et à identifier des pistes d'action.

Dans les faits, l'analyse a été escamotée. Les facteurs ayant été regroupés par thèmes, les participants ont préféré s'entendre tout de suite sur trois priorités pour chacun des thèmes retenus. Le consultant a acquiescé à leur suggestion, et il leur a alors suggéré d'inscrire leurs choix personnels sur une feuille et de la lui remettre. Il a ensuite compilé et inscrit les choix de chacun sur un bloc-notes géant, et il a invité les participants à s'entendre sur trois priorités d'action qui permettraient d'agir sur l'ensemble des facteurs qu'ils avaient retenus.

Présenter les résultats aux contremaîtres

Il avait été prévu que les contremaîtres feraient l'analyse des données recueillies auprès des démissionnaires. Le consultant les a donc réunis pour leur présenter les résultats de la compilation de ces informations. Fort de l'expérience vécue avec les employés rémunérés à l'heure, il leur a demandé de choisir les éléments qui leur apparaissaient les plus importants et de suggérer des pistes d'action destinées à corriger ces lacunes. Cette partie du travail s'est avérée plutôt délicate puisque certaines attitudes de ces contremaîtres et certains de leurs comportements étaient mis en cause. Le consultant a donc dû leur apporter du soutien et les aider à explorer diverses façons de corriger la situation. Cette analyse a nécessité le double du temps prévu.

Il restait ensuite aux contremaîtres à examiner l'information qu'eux-mêmes avaient communiquée au consultant. Tel qu'il avait été convenu au préalable, ce dernier avait analysé cette information. Cette dernière leur a tout d'abord été présentée, puis le consultant a invité les contremaîtres à réagir à ces données et à les compléter. Enfin, il leur a soumis les résultats de son analyse. Il s'avérait que certains problèmes pouvaient se régler à leur niveau. Les contremaîtres ont donc examiné ces problèmes plus attentivement et des hypothèses de solution ont été esquissées.

À la quatrième rencontre, quand est venu le temps de proposer des priorités d'action à la direction du service et de l'entreprise, les contremaîtres se sont montrés réticents à se soumettre à cet exercice. Le consultant a dû, d'une part, les confronter et, d'autre part, trouver une façon d'objectiver l'information à transmettre aux cadres supérieurs pour que les contremaîtres acceptent finalement de compléter la tâche qui leur avait été assignée.

Fournir de l'information à deux personnes en particulier

À la fin de ces séances de travail, le consultant a considéré qu'il devait fournir de l'information à deux personnes qui étaient particulièrement visées par les données recueillies auprès des employés rémunérés à l'heure, et, pour l'une d'entre elles, auprès des démissionnaires et des contremaîtres. L'une de ces personnes était un contremaître et l'autre, l'adjoint au directeur du service. Le consultant ne voulait pas que ces personnes reçoivent cette information par «la bande» et ne voulait pas la communiquer au directeur du service et au p.-d.g. sans que ces personnes en aient été informées.

Le consultant a donc rencontré le contremaître pour lui faire part des données recueillies auprès des employés rémunérés à l'heure. Ce dernier s'est montré attentif et lui a fait part de son intention de tenir compte des insatisfactions exprimées à son égard. Il a sollicité l'aide du consultant pour développer de nouvelles approches dans certaines de ses relations avec des employés difficiles.

Il en a été tout autrement de l'adjoint au directeur, qui a réagi très négativement aux données qui lui ont été transmises par le consultant. Il a même affirmé que, selon lui, les employés et les contremaîtres n'avaient pas raison de se plaindre de la sorte. Le consultant n'est pas parvenu à l'inciter à revoir certaines de ses pratiques. Sa relation avec lui est devenue plus difficile par la suite.

Présenter l'information et les suggestions des contremaîtres au directeur du service et au p.-d.g. et identifier avec eux des priorités d'action

Lors de la négociation du projet d'intervention, il avait été convenu que les priorités d'action seraient ultimement choisies par les membres de la direction, soit le p.-d.g. et le directeur du Service de la reliure. Toutefois, les employés et les contremaîtres pouvaient apporter des changements aux points qui relevaient de leur champ de compétence. Pour les employés, cela se limitait aux mécanismes d'ajustement réciproque, c'est-à-dire à ce que l'on peut faire pour faciliter la tâche aux collègues, mécanismes qui relèvent habituellement de l'aspect informel des relations au sein d'une organisation. Pour les contremaîtres, cela faisait référence à la façon d'exercer leur *leadership*, de planifier l'exécution du travail, de susciter une harmonisation des tâches et de faire circuler l'information à l'intérieur de l'atelier.

Cette présentation des données aux gestionnaires de l'entreprise, en vue de parvenir au choix des priorités d'action, devait s'échelonner sur deux rencontres réparties sur quatre jours. Ces conditions avaient été fixées dès le départ. Au cours de la première rencontre, le consultant a présenté les principales données recueillies auprès des employés et des contremaîtres. Dans une deuxième partie, il a introduit les pistes d'action identifiées par les répondants. Dans une troisième partie, il a invité les gestionnaires à réagir à ces données et à poser les questions de clarification nécessaires à la compréhension du contenu. À la fin, il leur a remis la transcription de toutes les informations recueillies précédemment en leur donnant la consigne d'en prendre connaissance pour la prochaine rencontre.

Les pistes d'action qui avaient été identifiées lors des séances de travail avec les employés et les contremaîtres étaient les suivantes :

1. Les contremaîtres devraient développer des habiletés à résoudre des problèmes et à communiquer avec le personnel de façon respectueuse et positive.

2. Les rôles des contremaîtres, de l'assistant et de chaque catégorie d'employés devraient être clarifiés. (Il existe plusieurs conflits quant aux champs de compétence et certaines responsabilités ne sont pas assumées.)

3. Des critères d'évaluation du rendement des employés devraient être précisés et communiqués à tous.

4. Une suggestion avait été articulée pour dénouer un conflit qui existait depuis près d'un an entre deux groupes d'employés.

5. Des politiques claires en matière d'embauche et de formation du personnel devraient être adoptées.

6. Les nouvelles règles du jeu concernant les promotions devraient être communiquées aux employés.

7. L'avancement de la carrière des employés devrait être pris en considération. (Le recrutement des nouveaux employés aux postes de compagnon et de grecqueur se fait généralement en dehors de l'atelier.)

8. L'entreprise donne peu de soutien aux employés pour les aider à mieux faire leur travail. Il n'y a pas de formation, l'équipement est désuet, les méthodes de gestion sont déficientes.

9. Le travail n'est pas planifié à l'avance. «On est obligé de tout organiser à la dernière minute et on ne peut dire à l'avance aux employés s'ils travaillent ou non la semaine suivante.»

10. Les contremaîtres sont débordés et n'ont pas le temps de faire de la résolution de problèmes.

11. L'adjoint au directeur du service garde de l'information dont les contremaîtres ont besoin pour faire adéquatement leur travail.

Lors de la seconde rencontre, le consultant a fait un bref rappel des points saillants de la rencontre précédente et il a invité les deux gestionnaires à lui faire part de leurs réactions à ce contenu. Le directeur du service a immédiatement pris la défense de son adjoint. Le consultant a heureusement rappelé que ce n'était pas le procès de l'adjoint qui était fait et que l'objectif de cette rencontre de travail était plutôt de dégager des priorités d'action. Le directeur n'a pas semblé satisfait de cette réponse, mais il est néanmoins revenu à la cible proposée.

Au cours de cette discussion, les digressions ont été nombreuses. Le consultant a dû ramener les participants à la tâche à diverses reprises. Vers la fin de la rencontre, les deux gestionnaires ont décidé de recruter un autre cadre pour prendre la responsabilité de la gestion et du développement des ressources humaines de l'entreprise et de lui confier le mandat de reprendre les pistes d'action et de proposer des scénarios appropriés. De ce fait, ils avaient indirectement refusé de se pencher plus avant sur les problèmes identifiés et en différaient la solution.

Au cours de la semaine suivante, le consultant a rencontré individuellement les deux gestionnaires pour évaluer le degré de réalisation des objectifs de l'intervention qui s'achevait. Voici ce qui en est ressorti :

– La direction dispose d'une image plus complète des problèmes auxquels l'entreprise est confrontée. Elle connaît mieux le point de vue des employés et des contremaîtres et dispose de pistes concrètes d'action.

– La direction a en main un document qui servira de base à l'élaboration du mandat de l'éventuel directeur des ressources humaines.

– La démarche a permis à certains individus de prendre conscience de comportements qui, par leur influence, rendent le climat de travail difficile.

– Les employés ont pu s'exprimer et être entendus par la direction. De ce fait, l'expérience s'avérera sûrement positive.

– Certains employés ont pu réaliser qu'il était possible de contribuer à une œuvre commune.

– Les gestionnaires ont pris conscience que pour résoudre certains types de problème, il faut aller au fond des choses. Ils ont également appris comment conduire une consultation auprès des employés.

À chacun des gestionnaires, le consultant a exprimé une mise en garde l'enjoignant d'informer les employés et les contremaîtres de ce qu'il adviendrait de leurs suggestions. Autrement, ceux-ci pourraient croire que les gestionnaires ont abusé de leur bonne foi et qu'ils n'ont pas l'intention de donner suite à ce projet, ce qui aurait pour conséquence d'accroître l'insatisfaction et de susciter une résistance inutile lors d'un prochain projet de consultation. Il a terminé son séjour dans ce milieu en remettant aux deux gestionnaires un document qui reprenait cet avertissement et présentait, en guise d'aide-mémoire, le suivi à effectuer :

– L'information du personnel sur les suites de ce projet.

– La planification, avec les contremaîtres et le directeur du Service de la reliure, de l'implantation des priorités qui seront retenues ultérieurement.

– La communication de ces priorités aux employés du Service de la reliure.

4. L'ASSOCIATION DES ENTREPRENEURS EN RÉNOVATION ET EN RESTAURATION

L'Association des entrepreneurs en rénovation et en restauration du Québec (AERR) regroupe des entrepreneurs et des artisans œuvrant dans le domaine de la rénovation et de la restauration. Cette association regroupe 171 entrepreneurs et 344 artisans répartis à travers le

Québec. L'Association a été fondée en 1975, à la suite de l'adoption par le Gouvernement de la *Loi sur la qualification professionnelle*. En 1980, devant l'accroissement de son membership, l'AERR se dotait d'un secrétariat permanent.

La mission de cette association est la suivante :

— Faire la promotion de la rénovation et de la restauration au Québec, tant au niveau des résidences familiales que des édifices gouvernementaux, industriels, commerciaux ou religieux.

— Favoriser le développement d'une industrie de la rénovation et de la restauration authentiquement québécoise, capable de se maintenir à la fine pointe des développements dans le domaine et soucieuse de son professionnalisme.

Au cours des années, des brochures explicatives, des instruments de gestion, des documents audiovisuels et de support publicitaire ont été créés et mis à la disposition des membres. La diffusion de ces documents a été confiée au secrétariat; c'est la réceptionniste qui reçoit les commandes et transmet le matériel aux membres.

L'Association est gérée par un conseil d'administration de dix membres; chaque membre est élu pour un mandat de deux ans lors de l'assemblée générale. Chaque année, le mandat de cinq d'entre eux est échu; ainsi, la moitié des postes sont renouvelés en alternance. Le conseil est constitué du président, de deux vice-présidents, du secrétaire, du trésorier et de cinq administrateurs, qui se réunissent six fois par année. L'Association repose en bonne partie sur le directeur général et les permanents du secrétariat.

L'AERR a des membres dans neuf régions : Bas Saint-Laurent et Gaspésie, Québec métropolitain, Saguenay-Lac-Saint-Jean, centre du Québec, Estrie, Montréal métropolitain, Outaouais, Abitibi-Témiscamingue et Côte-Nord. Aucune structure régionale permanente n'existe; les membres du conseil d'administration s'y opposent afin que la disponibilité des membres soit utilisée à des projets susceptibles de favoriser leur rapprochement et leur collaboration. Le secrétariat de l'Association a comme mandat d'appuyer toutes les initiatives locales, conformes à la mission de l'AERR et susceptibles de favoriser ce rapprochement.

Situation initiale et entrée dans le système

Au début de juillet, le président de l'AERR contacte un consultant pour l'inviter à évaluer le degré de satisfaction des membres et procéder à une identification des besoins. Au moment de la demande, les services de cette association sont de cinq types : services conseils;

services juridiques; information, formation et perfectionnement des membres; animation des réseaux régionaux; services d'assurance et de garantie.

Lors de ce premier contact, le consultant obtient les renseignements suivants : le comité exécutif projette de recommander l'embauche d'un adjoint au directeur général. Avant de définir le profil de ce nouveau poste, on désire connaître le degré de satisfaction des membres en regard des services offerts et esquisser un plan de développement de l'association reposant sur les besoins de ses membres.

Le consultant apprend également que, au cours du printemps précédent, l'analyse des tâches du personnel du secrétariat a été faite. Le but de cette analyse était de répartir entre les permanents certains dossiers qui incombent au directeur général.

Au terme de cet exercice, les membres du comité exécutif devaient conclure que la seule façon de soulager le directeur général était d'interrompre certains services ou d'engager du personnel supplémentaire. En conséquence, le président souhaite que la consultation auprès des membres soit terminée pour la fin du mois de septembre afin que les membres du comité exécutif soient en mesure de faire des recommandations aux membres du conseil d'administration pour la réunion du 30 octobre.

Le consultant est intéressé par ce projet et propose au président une rencontre avec le directeur général au cours de la semaine. Le but de cette rencontre est de compléter la cueillette des données relatives à la situation initiale.

Le directeur général manifeste beaucoup d'intérêt pour une démarche d'évaluation des services de l'association et d'identification des besoins des membres. Il est heureux que le comité exécutif songe à retenir les services d'une personne neutre pour mener ce dossier à terme.

Il expose au consultant ce qui a été entrepris pour analyser les tâches du personnel du secrétariat et les aménagements que cette analyse a permis. Il confirme que les besoins des membres n'ont jamais été clairement identifiés et que leur degré de satisfaction en regard des services offerts n'est pas connu avec précision.

Le consultant apprend de plus que le taux de réponse des membres aux enquêtes par questionnaire est habituellement faible, plus particulièrement en cette période de l'année, qui est une période de pointe pour les entrepreneurs et les artisans. Au terme de cette rencontre, le consultant s'est engagé à déposer une proposition de démarche et une estimation des coûts dans les plus brefs délais.

Proposition d'intervention

Le jeudi suivant, le président et le directeur général reçoivent cette proposition :

- la cueillette des données se fera au moyen d'entrevues téléphoniques;
- le quart des entrepreneurs et des artisans seront consultés;
- le retour d'information s'effectuera d'abord dans chacune des régions; des représentants de chaque région et les membres du comité exécutif seront ensuite invités à une table régionale de concertation;
- la responsable de l'animation des réseaux régionaux participera activement à la consultation des membres et au retour d'information.

Le déroulement prévu était le suivant :

1. Effectuer une préenquête auprès de quelques membres du conseil d'administration.
2. Préciser les dimensions et les sous-dimensions avec le directeur général et les membres du comité exécutif.
3. Concevoir l'instrument pour l'entrevue téléphonique.
4. Effectuer le prétest de l'instrument auprès d'une dizaine de membres.
5. Choisir les lieux pour les séances régionales de retour d'information.
6. Procéder au choix des répondants.
7. Informer les membres choisis de la procédure utilisée pour les choisir et des objectifs de la consultation.
8. Cueillir les données par entrevues téléphoniques.
9. Analyser les données par région.
10. Présenter les résultats aux répondants dans chacune des régions et faire préciser les priorités d'action régionales.
11. Présenter ces résultats et ces priorités à un comité de travail composé des membres du comité exécutif et de représentants régionaux.
12. Choisir des priorités d'action et faire des recommandations aux membres du conseil d'administration.

Réalisation de la démarche

La démarche s'est réalisée à peu près comme elle avait été prévue. Le consultant et la responsable de l'animation des groupes régionaux se sont partagé les entrevues téléphoniques. Les séances de retour d'information ont été effectuées par la responsable qui avait prévu, pour cette période de l'année, des activités de relance dans chaque région. Des membres qui n'avaient pas été consultés se sont ajoutés lors de certaines séances de retour d'information. Mis à part cette «irrégularité», aucun autre incident n'a marqué le déroulement de cette consultation.

Les consultations régionales ont fait ressortir les points suivants :

1. La mission de l'AERR doit être révisée et des politiques appropriées doivent être adoptées.

2. L'adhésion de 36 % des membres de l'Association repose sur des raisons extrinsèques : obtention de contrats, obtention de permis, sollicitation.

3. Un certain nombre d'entrepreneurs et d'artisans en restauration se sentent négligés. Selon eux, l'AERR est conçue pour répondre aux besoins des entrepreneurs en rénovation.

4. Les entrepreneurs et les artisans en restauration se disent moins bien informés sur les services de l'AERR.

5. Les sujets présentés dans le cadre des assemblées mensuelles ne semblent pas rejoindre la majorité des membres.

6. Les activités sociales ne favorisent pas l'intégration des nouveaux membres comme elles le devraient et ne contribuent pas à créer des liens d'affaires entre les membres.

7. Le congrès annuel laisse la majorité des membres indifférents.

8. Les besoins d'information des membres ne sont que partiellement satisfaits.

9. Le soutien aux entrepreneurs s'avère insuffisant.

10. Les activités de formation ne paraissent pas rejoindre la clientèle potentielle.

11. La salle de plans en rénovation est sous-utilisée.

12. La papeterie n'est pas appropriée aux besoins des membres.

Choix des priorités d'action

Les priorités d'action qui ont été dégagées par les membres du comité de travail provincial lors de l'étape 12 de la proposition d'intervention sont les suivantes :

1. La mission de l'AERR doit être réajustée. La primauté doit être donnée à la circulation de l'information et au soutien aux membres. La raison d'être de l'Association devrait être d'aider les

entrepreneurs et les artisans à devenir plus compétents, efficaces et rentables.

2. Les activités de l'AERR doivent être réajustées pour répondre aux besoins suivants de ses membres :
   - développer des marchés;
   - être informés des développements en matière de matériaux, de techniques et d'outils;
   - être informés des différents aspects légaux qui les concernent;
   - être informés des nouvelles méthodes en matière de rénovation et de restauration;
   - avoir du soutien pour évoluer en tant qu'entrepreneur et artisan, échanger des solutions à des problèmes, pouvoir obtenir du soutien technique;
   - être informés des orientations politiques qui concernent le domaine de la rénovation et de la restauration et les influencer au besoin.

3. Les activités de l'AERR doivent être conçues en fonction des clientèles qui la composent.

4. L'appartenance des membres doit être développée en repensant les orientations des groupes régionaux, du congrès annuel, du bulletin mensuel, des déjeuners-causeries et des assemblées mensuelles.

5. L'AERR doit se démocratiser et consulter davantage ses membres avant de prendre de nouvelles orientations ou de prendre position sur des dossiers politiques.

Ces priorités d'action ont été reprises par les membres du comité exécutif et le directeur général. Elles ont servi à préciser les premiers mandats qui ont été confiés à l'adjoint au directeur général, engagé au début de l'année suivante.

5. LE COMITÉ CONSULTATIF DE LA GESTION DU PERSONNEL

Au cours de la dernière décennie, les hauts dirigeants de l'administration publique québécoise ont été préoccupés par l'utilisation des ressources humaines au sein de la fonction publique.

Plusieurs études ont été entreprises sur le sujet. Il y a eu les travaux de la Commission Bisaillon, qui ont été publiés en 1981. Un autre rapport, *Pour une rénovation de l'administration publique*, venait conclure en 1985 les travaux d'un autre comité d'études. La Commission du budget et de l'administration de l'Assemblée nationale publiait ses conclusions sur le sujet en 1990. En 1991, le Bureau du vérificateur général du Québec rendait publique une étude préliminaire sur le même sujet.

Par ailleurs, en 1990, le Comité consultatif de la gestion du personnel, l'Office des ressources humaines et le Secrétariat du Conseil du trésor décidaient de conjuguer leurs efforts et de consulter les cadres intermédiaires sur leurs préoccupations en matière de gestion des ressources humaines, les moyens qu'ils utilisaient et les difficultés qu'ils rencontraient. Sur la base de ces informations, on voulait établir un diagnostic organisationnel sur la gestion des ressources humaines dans la fonction publique québécoise.

Pour réaliser ce mandat ambitieux, le Comité consultatif de la gestion du personnel a constitué un comité de travail composé de neuf gestionnaires expérimentés pour gérer cette vaste consultation. La méthode que les membres de ce comité de travail ont privilégiée est une enquête feed-back qu'ils ont jumelée à la méthode du colloque. Cette enquête feed-back s'est étendue à tout le Québec.

Ainsi, 1 520 cadres intermédiaires de la fonction publique québécoise ont pu être consultés. Ces cadres intermédiaires étaient issus de différents ministères et organismes et occupaient des fonctions de gestion diverses : directrices et directeurs régionaux, adjoints, chefs de service, chefs d'équipe, contremaîtres. De fait, ces cadres représentaient 26,7 % de l'effectif des cadres intermédiaires de la fonction publique.

Le colloque s'est tenu dans chacune des régions administratives de la province. La procédure appliquée a été la suivante :

1. Ouverture de la journée par des membres du comité de travail. On rappelait les objectifs, présentait la procédure et précisait l'utilisation qui serait faite des informations recueillies.

2. Diffusion d'un message vidéo du ministre responsable du Conseil du trésor qui y affirmait l'importance d'une gestion avisée des ressources humaines pour la fonction publique québécoise.

3. Activité de départ, animée par un comédien, dont les buts étaient, d'une part, de légitimer la diversité des réactions à la suite de l'audition du message du ministre et, d'autre part, d'introduire une norme d'ouverture et de permissivité dans les échanges qui allaient s'amorcer.

4. Travail en atelier encadré par des animateurs recrutés en région. Ces animateurs soumettaient des questions aux participants. Ils avaient le mandat de faciliter l'expression, sans orienter le contenu. Des secrétaires d'atelier, qui avaient été préparés en conséquence, prenaient note des idées émises.

5. À la fin de la journée, synthèse du contenu des échanges en atelier produite par la responsable de l'organisation de ces colloques; elle était assistée dans cette tâche par les secrétaires d'atelier.

6. Validation de cette synthèse par les participants dans le cadre d'une plénière. La synthèse des données leur était présentée et ils étaient invités à compléter cette synthèse ou à la corriger.

Dans la semaine qui suivait la tenue de chaque colloque, les gestionnaires qui s'y étaient inscrits recevaient le compte rendu des données qui avaient été validées lors de la plénière de clôture. Ils étaient alors invités à choisir dix recommandations prioritaires parmi l'ensemble de celles qui avaient été retenues lors de la plénière et à transmettre leurs priorités de façon anonyme à la responsable de l'organisation de ces colloques.

Par la suite, les recommandations prioritaires qui étaient parvenues à la responsable ont été compilées. Cette compilation a été soumise à une personne indépendante pour la formulation d'un diagnostic sur la gestion des ressources humaines.

Les recommandations prioritaires et le diagnostic ont été présentés aux sous-ministres, aux sous-ministres associés, aux directeurs des ressources humaines et aux conseillers en gestion des ressources humaines des ministères et organismes de la fonction publique.

Les données et le diagnostic devaient ensuite être repris par le sous-ministre ou le directeur général responsable de chaque ministère ou organisme et servir de tremplin à une réflexion sur les pratiques de gestion au sein de chaque organisation.

Les résultats qui sont ressortis de l'enquête feed-back convergent sur un très grand nombre de points avec la position des *experts* qui a été exprimée dans chacun des rapports mentionnés plus haut. En revanche, l'enquête feed-back a permis d'obtenir de l'information nouvelle sur plusieurs aspects en précisant certaines difficultés que vivent les cadres intermédiaires et en soulignant les effets qu'aurait le *statu quo* sur la gestion des ministères ou organismes de la fonction publique québécoise.

CONCLUSION

Les illustrations qui précèdent ont au départ trois points communs :

- *Un besoin d'information* : les gestionnaires ne disposent pas de toutes les données pour analyser la situation en profondeur et prendre une décision de qualité.

– *La dispersion des données* : les données sont détenues par un certain nombre de personnes. C'est en précisant et en rassemblant ces perceptions que le consultant va parvenir à mettre en lumière les principaux facteurs qui influencent cette situation.

– *La nécessité d'obtenir l'adhésion des acteurs à une ou à plusieurs solutions* : cette adhésion est au moins aussi importante que la qualité de la décision du gestionnaire concernant le choix des priorités d'action. Cette adhésion va faciliter l'implantation des changements nécessaires à l'évolution de la situation initiale puisqu'elle va mobiliser l'énergie et les efforts des acteurs dans la direction souhaitée.

On constate de plus, à partir de ces exemples, que *l'enquête feed-back s'adapte à des milieux et à des clientèles diversifiés* : personnes peu scolarisées ou très scolarisées, peu versées dans l'analyse des problèmes ou expérimentées à le faire, des cols bleus ou des cols blancs, des exécutants ou des cadres, des novices ou des employés chevronnés. L'important, c'est que les personnes consultées aient un certain niveau de compétence par rapport à la situation à l'étude, c'est-à-dire qu'elles y soient impliquées à un certain degré, qu'elles en éprouvent ou en perçoivent les conséquences, qu'elles puissent prendre du recul face à cette situation et identifier ce qui, à leur avis, vient l'influencer.

On le note également, *l'enquête feed-back s'applique à un nombre variable de répondants* c'est-à-dire tout aussi bien auprès d'un petit nombre – les membres d'une équipe de l'entreprise Alie en sont un exemple – qu'auprès d'un grand nombre, comme ce fut le cas dans la dernière illustration. Il s'agit d'adapter en conséquence les modalités du retour d'information.

Par surcroît, le consultant peut avoir recours à des *méthodes de cueillette d'information diversifiées* : entrevue individuelle, entrevue de groupe, entrevue téléphonique, questionnaire ou colloque. La particularité de l'enquête feed-back ne réside pas dans la méthode de cueillette utilisée mais plutôt dans l'application d'une séquence d'étapes associées à une diversité d'objectifs essentiels : la cueillette des données, le traitement de ces données, le retour d'information, le choix des priorités d'action (Bowers, 1971, Bowers et Franklin, 1977, Nadler 1977, Lescarbeau et coll., 1990) et la planification des suites à donner (figure 1).

Enfin, l'enquête feed-back est appropriée lorsque le consultant n'est pas aux prises avec un problème technique pour la résolution duquel l'application d'un savoir ou d'un savoir-faire est suffisante. Un problème de mécanique, par exemple, est un problème de type technique. Les avocats, les ingénieurs, les architectes, les comptables, les fiscalistes sont habituellement aux prises avec des problèmes techniques.

Figure 1
Les étapes de l'enquête feed-back

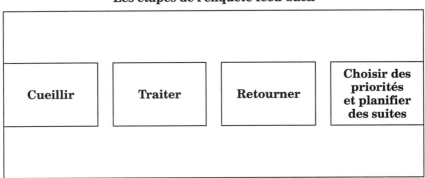

Le consultant qui désire appliquer la méthode de l'enquête feed-back doit être confronté à une situation initiale qui possède les caractéristiques suivantes :

— l'information nécessaire à la prise d'une décision de qualité est possédée par plusieurs personnes;

— les acteurs possèdent suffisamment d'information pour améliorer la qualité de la décision;

— les forces qui influencent cette situation ne sont pas clairement définies;

— l'acceptation des orientations du changement par les personnes concernées contribuera à améliorer l'efficacité des actions qui seront entreprises pour faire évoluer cette situation.

Par conséquent, l'enquête feed-back s'avère une méthode très utile dans le cadre d'un problème pour lequel il n'y a pas qu'une seule solution possible et déjà toute constituée. Se traite avantageusement par l'enquête feed-back le genre de problème qui nécessite la création d'une solution adaptée au contexte et aux particularités d'un milieu en prenant en considération plusieurs facteurs : les éléments de la culture du milieu, les besoins et les valeurs des membres, les besoins de l'organisation et les structures en place. Pour trouver ce genre de solution, il est habituellement nécessaire de favoriser l'intégration des perceptions de chacune des parties impliquées (Duquette, 1992, p. 44-45). En misant sur l'utilisation des perceptions individuelles, la solution n'est pas seulement une juxtaposition de ces perceptions, elle les transcende. Le tout devient ainsi supérieur à la somme des parties.

L'enquête feed-back ne contribue pas à solutionner un problème ou une difficulté en utilisant une stratégie de pensée linéaire et convergente. Elle s'inscrit plutôt dans la famille des stratégies qui favorisent une pensée divergente ou la mise en place de cadres d'analyse diversifiés, ce qui est habituellement fécond pour trouver des solutions appropriées à un problème complexe et mal circonscrit.

Chapitre 3

Les assises
de l'enquête feed-back

L'enquête feed-back est une méthode toute récente et encore avant-gardiste dans plusieurs milieux. Elle s'appuie sur des notions et des principes qui ont été articulés au cours des quelque cinquante dernières années et qui sont, dans plusieurs cas, encore en évolution, en dépit de l'utilité qu'ils ont déjà démontrée. Ce chapitre fait un survol de ces notions et de ces principes.

L'énoncé de ces notions et de ces principes fournira au lecteur un cadre conceptuel dans lequel il pourra intégrer les éléments méthodologiques qui lui seront proposés par la suite. Grâce à ce cadre, ces éléments prendront sûrement une coloration particulière teintée d'une constante préoccupation, celle de susciter la concertation entre les personnes concernées par une situation initiale.

De plus, la connaissance de ces notions et de ces principes devrait aider le consultant à adopter des comportements qui seront appropriés et susceptibles de produire les résultats visés : obtenir une information valide, identifier les principaux facteurs qui doivent être pris en considération, développer une meilleure compréhension de la situation initiale, la définir dans des termes qui incitent les acteurs à agir, dégager des priorités d'action susceptibles de mobiliser les ressources du milieu et contribuer ainsi à faire évoluer cette situation initiale.

Le chapitre débute avec une évocation des *origines de l'enquête feed-back*. Ensuite, *le sens du mot **feed-back***, lorsqu'il est utilisé dans l'expression : enquête feed-back, est précisé. Puis, *la notion de système* est brièvement rappelée. Les notions d'*information*, de *pouvoir* et de *participation* sont subséquemment appliquées au contexte dans lequel s'insère habituellement l'enquête feed-back. Finalement, ce chapitre se termine en considérant comment l'enquête feed-back peut devenir un *moteur de changement*.

1. LES ORIGINES DE L'ENQUÊTE FEED-BACK

L'enquête feed-back tire ses origines de deux sources distinctes. Une première s'inscrit dans le courant des relations humaines initié par Kurt Lewin et ses collaborateurs au cours des années 1940. La seconde est reliée à la psychosociologie nord-américaine qui se concentre sur l'étude des attitudes (Aebischer et Oberlé, 1990).

Au début du siècle, les spécialistes des sciences humaines – philosophes, politicologues, psychologues sociaux et sociologues – sont invités à se pencher sur diverses problématiques auxquelles fait face la société américaine. Les projets qui en découlent conduisent un certain nombre d'entre eux à étudier les attitudes et à les mettre en relation avec les comportements adoptés dans différentes circonstances. Ces spécialistes parviennent ainsi à démontrer que les attitudes influencent les comportements, principe très largement reconnu de nos jours.

C'est à cette époque, au cours des années 1940, que Kurt Lewin et ses collaborateurs tentent de modifier les habitudes alimentaires de groupes de ménagères américaines. Ils découvrent que le fait de les amener à échanger entre elles sur leurs habitudes produit plus de changement de comportements que les discours d'experts prononcés sur le même sujet; c'est là l'origine de la méthode de l'atelier, qui continuera à se développer au cours des années suivantes.

Assez rapidement, ces considérations théoriques sur les attitudes vont influencer les milieux industriels qui sont en bouleversement et connaissent des problèmes causés apparamment par l'évolution des valeurs sociales : baisse de motivation des employés, absentéisme accru, conflits ouvriers importants. Pour répondre aux préoccupations croissantes des chefs d'entreprise, les recherches qui sont entreprises sur les attitudes de leurs employés se font d'abord au moyen de questionnaires et d'instruments s'inspirant des travaux de Likert, Thurstone et Guttman. C'est au cours de cette période qu'entre en jeu la psychosociologie.

En 1947, un groupe de chercheurs du Survey Research Center de l'Université du Michigan, dirigé par Floyd Mann, utilise la méthode de l'atelier dans ses recherches sur les attitudes en milieu industriel (French et coll., 1973; Huse, 1975). Une nouvelle méthode s'articule ainsi progressivement; essentiellement, elle permet que des données recueillies d'abord par questionnaire soient retournées dans le milieu pour être complétées et discutées.

À l'instar de Lewin, ce groupe de chercheurs découvre peu à peu que cette approche suscite une modification des perceptions et un changement d'attitudes chez les participants, qu'elle contribue à influencer les relations entre ceux-ci, qu'elle entraîne d'importants changements de comportements et qu'elle favorise la conception de nouvelles structures et des méthodes de travail plus adaptées à ces milieux. La méthode de l'enquête feed-back apportait ainsi ses premières contributions à l'évolution des organisations.

2. LE SENS DU MOT FEED-BACK

Pour plusieurs, c'est la psychologie qui les a incités à donner un sens particulier au mot feed-back. Il décrit le processus, à l'intérieur d'une relation interpersonnelle, par lequel une personne communique à une autre personne, ou à plusieurs autres, ses réactions à la suite de leurs comportements. Ces réactions sont transmises selon l'une ou l'autre des quatre intentions suivantes.

La première de ces intentions est de souligner une inconsistance dans l'expression verbale : deux parties d'un même message semblent contradictoires. La deuxième intention consiste à relever une incohérence entre l'expression verbale et l'expression non verbale : les mots ne s'accordent pas avec la posture, l'expression du visage ou les réactions des autres parties du corps. La troisième intention vise à faire ressortir une apparente opposition entre le discours de l'émetteur et son agir : les principes auxquels il adhère ne s'accordent pas avec certains de ses comportements. Enfin, la quatrième intention est de renseigner le partenaire sur les émotions que suscitent certains de ses comportements : tels comportements produisent de l'anxiété, de l'agressivité ou de la tristesse.

Dans le contexte de la psychologie, le feed-back qui provient d'une personne est habituellement destiné à augmenter le degré de lucidité de l'autre ou à l'aider à adopter des comportements mieux adaptés à la situation et qui vont faciliter le développement de la relation entre ces personnes.

Ce n'est pas dans ce sens que le mot *feed-back* est employé dans l'expression *enquête feed-back*. Dans cette expression, il est utilisé dans deux autres sens : le premier est emprunté à la théorie des systèmes et le second, à la théorie de la communication.

Dans la théorie des systèmes, le feed-back est constitué d'informations concernant le fonctionnement même de ce système, comme il le sera rappelé plus loin. Il peut couvrir autant les résultats obtenus que les moyens utilisés pour y parvenir. Ce feed-back est destiné à susciter un ou plusieurs ajustements d'un fonctionnement ou à le maintenir tel quel. Dans le premier cas, on parle de feed-back négatif, et dans le second, de feed-back positif.

Dans la théorie de la communication, le feed-back consiste à fournir à un ou à plusieurs émetteurs la signification qu'un récepteur a donnée à l'information reçue. Le feed-back est communiqué verbalement ou par l'entremise des comportements que le récepteur adopte.

Ce sont ces deux derniers sens qui sont donnés au mot *feed-back* dans l'expression précitée. Les acteurs reçoivent de l'information sur des aspects du fonctionnement du système, c'est-à-dire ses points forts, ses points faibles, ses difficultés, ses besoins, les résultats obtenus, la qualité produite, les satisfactions ou les insatisfactions des clients, etc. Et, par la même occasion, ils sont en mesure de constater ce qui a été retenu de l'information qu'ils ont communiquée à l'intervieweur ou encore le sens qu'il a donné à leurs paroles ou l'interprétation que l'intervenant a faite des données qu'il a puisées dans les documents qui ont été mis à sa disposition.

C'est au moment de la séance de retour d'information que ce feed-back est présenté aux participants. Il doit nécessairement inciter les répondants à réagir, d'abord quant à la validité des données retenues, et ensuite quant au fond de la question à l'étude. Réagir à la validité des données consiste à reconnaître qu'elles reflètent fidèlement l'opinion de chacun ou, le cas échéant, servent à les compléter ou à les nuancer. Quant au fond de la question, la réaction équivaut à constater que la situation est adéquate telle qu'elle se présente, ou qu'elle doit faire l'objet d'ajustements superficiels ou en profondeur. Les façons de susciter ces réactions seront présentées plus loin.

Il s'ensuit donc qu'une enquête feed-back est incomplète si elle ne se limite qu'à la présentation des données aux répondants. Ces derniers doivent tout au moins valider ces données et s'entendre sur l'utilisation qui en sera faite, étant entendu que les données appartiennent d'abord à ceux qui les ont fournies. Évidemment, le déroulement de l'enquête feed-back est plus satisfaisant lorsque les répondants sont associés à l'interprétation de ces données et qu'ils sont invités à désigner des pistes qui, à leur avis, sont susceptibles de faire évoluer la situation dans la direction souhaitée. Par la suite, il reviendra au gestionnaire de décider quelles priorités il retiendra et quelles mesures il prendra pour consolider la situation ou la faire évoluer dans le sens désiré, à moins qu'il ne délègue cette responsabilité aux répondants eux-mêmes.

D'ailleurs, en considérant l'étymologie du terme *feed-back*, le lecteur constatera toute l'énergie de mobilisation, toutes les promesses qu'il recèle. Ce terme est constitué du verbe *to feed* qui signifie : nourrir dans le but de faire croître, de faire progresser, d'apporter du soutien. L'expression contient à la source une intention de soutien dans le but de contribuer à la progression d'un milieu ou d'une situation, une volonté d'amener ou de susciter de l'énergie pour régénérer ou renouveler cette situation. C'est donc, dans la théorie des systèmes, de l'information *en retour* qui aide un ensemble à consolider son mode de fonctionnement ou à le réviser pour son propre bénéfice. Le lecteur se rappellera que ce retour d'information n'est pas conçu pour piéger un gestionnaire, ni lui forcer la main ou lui arracher des concessions, mais bien plutôt pour collaborer avec lui dans la recherche des ajustements appropriés, et ce, dans le but d'améliorer le fonctionnement d'un ensemble.

3. LA NOTION DE SYSTÈME

C'est le biologiste Ludwig von Bartalanffy qui, en 1950, fut le premier à développer l'idée que les systèmes humains sont essentiellement des systèmes ouverts (Baker, 1973, p. 1). Les concepts reliés à la notion de système constituent aujourd'hui un cadre de référence particulièrement intéressant pour le consultant. Ce cadre lui permet d'examiner une situation en déterminant quelles catégories de personnes en sont les principaux acteurs, quelles interactions sont en cause et quels sont les facteurs qui pourraient influencer cette situation.

Plusieurs lecteurs ont déjà eu l'occasion de se familiariser avec ces concepts. Ces derniers seront néanmoins brièvement rappelés ici, pour permettre à ceux qui le désirent de revoir ces notions et pour démontrer que l'enquête feed-back s'intègre harmonieusement dans un processus visant l'amélioration du fonctionnement d'un système. Les principales notions développées sont les suivantes :
- le concept de système;
- la notion de sous-système;
- les frontières du système et l'interface;
- l'*input*, le traitement et l'*output*;
- le système ouvert et le système fermé;
- le feed-back;
- l'entropie.

A. LE CONCEPT DE SYSTÈME

Un système, c'est un ensemble d'éléments en interaction dynamique, organisés en fonction d'un but (Rosnay, 1975, p. 93). Celui qui pense dans une perspective systémique le fait généralement en faisant référence à des relations interdépendantes, structurées en fonction du but à atteindre. Chacun des cas qui a été présenté dans le chapitre précédent se passe au sein d'un système d'activités humaines.

B. LA NOTION DE SOUS-SYSTÈME

Dans chaque système, on retrouve habituellement un ou plusieurs sous-ensembles qui ont les caractéristiques d'un système et qui remplissent une fonction particulière dans le fonctionnement du système lui-même. Dans le cas du centre hospitalier Les Jardins, le Service des soins de natalité est un sous-système qui, à son tour, se décompose en sous-ensembles : le secteur de la pouponnière, celui de l'obstétrique et celui de la maternité. Parler du personnel de jour, de soir et de nuit constitue une autre façon d'identifier des sous-ensembles de personnes à l'intérieur de ce sous-système.

Aux fins de simplification, le consultant va généralement considérer le sous-ensemble où il intervient comme un système. Dans le cas de ce centre hospitalier, l'accent étant mis sur le Service des soins de natalité, le consultant considérera que le système dans lequel il intervient, c'est-à-dire son système-client, c'est ce service même.

C. LES FRONTIÈRES DU SYSTÈME ET L'INTERFACE

Un système doit être différencié des autres systèmes avec lesquels il est en relation. C'est le concept de *frontières* qui permet de distinguer un système ou un sous-système des autres systèmes ou sous-systèmes qui l'entourent. Une frontière doit être apparentée à un territoire plutôt qu'à une ligne (Miller et coll., 1967). Ce territoire englobe les interactions, les rôles, les normes, les procédés, la technologie et les matériaux utilisés pour atteindre les buts qui sont fixés à ce système ou à ce sous-système. Dans le cas du centre hospitalier Les Jardins, le Service des soins de natalité se différencie du Service de cardiologie ou du Service de chirurgie. Au sein du Service des soins de natalité, le Secteur de la pouponnière n'est pas identique aux secteurs de l'obstétrique et de la maternité.

Baker (1973) estime que dans le cas d'une organisation, il peut être difficile de distinguer une frontière en faisant référence uniquement à des facteurs physiques. Il propose plutôt d'examiner le milieu pour découvrir là où se trouve une discontinuité dans la nature et la caractéristique des interactions entre les personnes (p. 6).

Katz et Kahn (1966), cités par Baker (1973), proposent à leur tour une définition du concept de frontières. Les frontières correspondent aux lignes de démarcation ou aux territoires qui sont considérés pour la définition et la mise en œuvre des activités nécessaires à l'atteinte des buts, pour l'intégration des membres à l'intérieur du système, et pour l'intégration des autres éléments (budget, machinerie, stratégies de formation ou de développement) au sein de ce système (p. 6).

L'interface est, pour sa part, une expression complémentaire à la notion de frontières. L'*interface* est le point de contact ou de jonction entre deux systèmes, là où s'établissent leurs relations ou leurs échanges.

D. L'*INPUT*, LA TRANSFORMATION ET L'*OUTPUT*

L'*input,* c'est tout ce qui entre dans le système ou le sous-système en provenance de l'environnement, et qui sera traité, modifié ou réorganisé au moyen des procédés de transformation et des autres ressources mises en œuvre au sein de ce système ou de ce sous-système.

Figure 2
Représentation d'un système

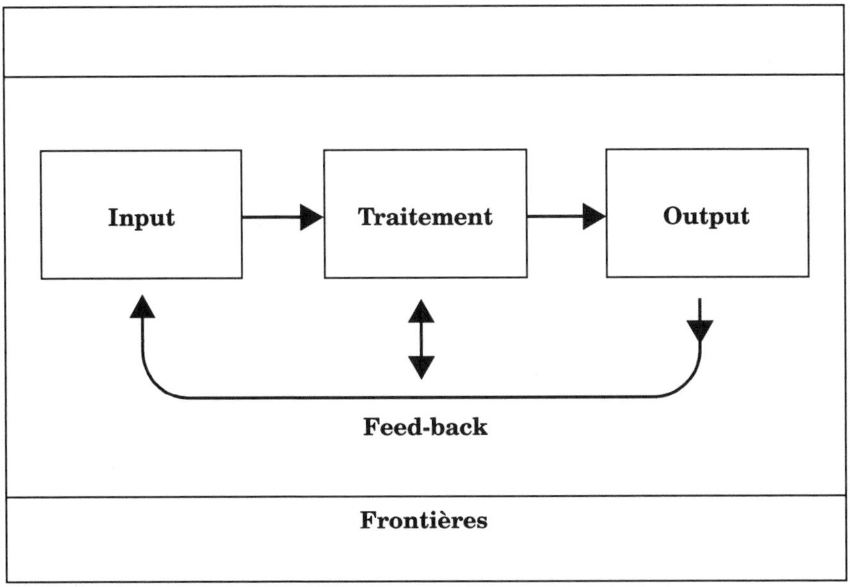

Au Service des soins de natalité, les *inputs* sont nombreux. Les besoins des femmes enceintes, ceux des couples, la connaissance médicale ou des soins infirmiers (*nursing*), les techniques qui y sont appliquées en sont des exemples. Le savoir est appliqué aux particularités de chaque accouchement ou de chaque couple. Il est transformé ou restructuré grâce aux mécanismes de traitement et adapté aux besoins de chaque situation.

L'*output* est le résultat de cette transformation dans un produit qui est mis à la disposition de la parturiente, du jeune couple ou du bébé. La figure 2 représente un système avec ses frontières, ses *inputs*, ses processus de traitement ou de transformation, ses *outputs* et ses mécanismes de feed-back.

E. SYSTÈME OUVERT ET SYSTÈME FERMÉ

Un système ouvert est celui dans lequel il y a un flot continu de matières, de ressources, d'information, d'énergies qui sont importées de l'environnement et qui constituent ses *inputs*. En retour, le système y exporte des *produits* transformés. Ce système est donc *ouvert* parce qu'il entretient des échanges permanents avec cet environnement. Un système fermé est tout à fait le contraire. Aucun système d'activités humaines[4] n'est véritablement un système fermé. En revanche, plusieurs systèmes se comportent comme si c'était le cas en refusant d'utiliser l'information qui se trouve dans cet environnement pour ajuster leurs mécanismes de planification, de production, de coordination ou de contrôle afin de maintenir le système à un niveau optimal de fonctionnement. Avec le temps, ces systèmes deviennent inefficaces et incapables de relever les défis importants.

F. LE FEED-BACK

Comme on vient de le voir, le système ouvert reçoit continuellement de l'information de l'environnement. Cette information en retour ou feed-back fournit des données qui permettent au système de s'ajuster afin d'éliminer ce qui diffère des résultats attendus.

---

4. L'expression *système d'activités humaines* désigne, à titre d'exemples, les organisations, les groupes communautaires, les partis politiques, les municipalités et autres organismes du genre.

Ce feed-back est recueilli de façon routinière lorsqu'il est associé aux demandes formelles qui sont faites régulièrement au système. Dans le cas du Service des soins de natalité, le nombre de demandes d'admission constitue un type de feed-back. Les commentaires des mères et des couples en constituent une deuxième forme. Le fait qu'un groupe voulait instaurer une clinique avant-gardiste constituait une autre forme de feed-back indirect acheminé aux dirigeants de cet hôpital : les services qu'ils offraient à la clientèle des femmes enceintes de la région ne répondaient plus adéquatement à leurs besoins.

Il arrive fréquemment que ces deux derniers types de feed-back ne soient pas recueillis de façon systématique par les gestionnaires d'une organisation. De plus, les effets secondaires produits par les processus de transformation échappent assez souvent à la vigilance des gestionnaires trop préoccupés par les problèmes de gestion quotidienne ou attentifs à d'autres types de rétroaction. C'est entre autres dans ces situations que l'enquête feed-back devient un outil précieux pour le maintien et le développement d'un système.

G. L'ENTROPIE

Dans le cours des activités quotidiennes, les systèmes d'activités humaines s'appauvrissent ou se désorganisent; c'est ce que l'on appelle l'entropie. Cet appauvrissement est dû, à titre d'exemples, à l'usure de l'équipement, au vieillissement du personnel, aux frustrations quotidiennes qui entraînent une baisse de motivation et d'intérêt, à la technologie qui n'est plus aussi efficace, aux méthodes de travail qui sont moins appropriées, compte tenu des modifications survenues dans le milieu ou dans les besoins de la clientèle.

Par conséquent, les gestionnaires doivent constamment injecter des *inputs* qui sont générateurs d'énergie et qui viendront corriger la situation ou compenser pour l'usure. Une technique nouvelle, un apport de ressources additionnelles, par exemple, viendront « restaurer l'énergie et réparer les pannes ou les ratées » (Baker, 1973, p. 5).

L'enquête feed-back peut stimuler l'apport de tels *inputs* en fournissant aux membres d'un système et à ses gestionnaires les données qui vont permettre d'identifier ce qui fait problème, de cerner des pistes d'amélioration et de développement et de faciliter la mise en place de mécanismes ou d'actions susceptibles de mobiliser à nouveau le potentiel des membres de ce système.

4. LA NOTION D'INFORMATION APPLIQUÉE À L'ENQUÊTE FEED-BACK

L'information recueillie au moyen de l'enquête feed-back est habituellement reliée au fonctionnement du système lui-même ou d'un de ses sous-systèmes; ces derniers sont habituellement apparentés aux fonctions qui doivent être assumées au sein de l'ensemble pour lui permettre de remplir sa *mission* ou de poursuivre le mandat qui lui a été confié. Dans les organisations, ces fonctions coïncident généralement avec les buts des unités administratives ou des équipes qui y ont été constituées.

Dans l'examen du fonctionnement d'un système ou d'un sous-système, cette information sert à considérer ce qui se passe au niveau des *inputs,* du *traitement qui en est fait* ou des *outputs*. Elle peut donc aider à examiner la qualité des *inputs*, les difficultés d'obtention de ces *inputs*, les effets sur l'environnement ou sur les collectivités qui les fournissent. Elle peut servir à évaluer la satisfaction de la clientèle ou les modifications en ce qui à trait aux besoins de cette clientèle. Elle permet également d'examiner la position des partenaires ou des concurrents. Elle contribue à identifier les problèmes rencontrés, les essais tentés et les résultats obtenus. Cette information permet aussi d'étudier d'autres facteurs : les coûts; le nombre d'unités produites et le nombre d'heures consacrées à telle opération; les causes des accidents de travail; le nombre, la source et la nature des griefs; la fréquence des retards ou des absences; la source des conflits; le pourcentage des rejets ou des retours de produits. L'information fournit également l'occasion d'examiner les relations qu'un sous-système entretient avec les autres sous-systèmes de l'organisation, comment se recueille et se traite le feed-back et quels sont les mécanismes de régulation qui sont mis en place.

Le tissu social de l'organisation (Tichy, 1990, p. 201), c'est-à-dire ses aspects technique, culturel et politique, peut aussi faire l'objet d'un examen attentif. L'aspect technique correspond aux méthodes de travail, à la technologie mise en œuvre pour réaliser les activités nécessaires à la poursuite de la mission, les procédés d'échange d'information, les méthodes de formation, de communication, de coordination et de contrôle. L'aspect culturel regroupe les normes, les valeurs, les croyances, les tabous, les codes utilisés pour échanger de l'information spécialisée et les politiques organisationnelles. La dimension politique, quant à elle, fait référence aux alliances, à la structure de pouvoir et d'influence au sein de cette organisation, aux mécanismes de concertation et de décision, aux systèmes de récompense et de punition, aux pratiques de participation et de mobilisation des employés.

Tel que déjà mentionné, l'enquête feed-back est essentiellement une méthode de circulation d'information qui contribue à la consolidation et au développement d'un organisme en aidant à explorer chacune des dimensions énumérées ci-dessus, selon les besoins de chaque situation. Mais qu'est-ce que l'information? Quelle est son utilité? Comment peut-elle être source de consolidation et de développement? Quels problèmes les gestionnaires rencontrent-ils dans la cueillette de l'information nécessaire à cette consolidation et à ce développement? Quelles sont chez eux les stratégies les plus répandues de recherche de solutions? Quelle est la stratégie d'influence la plus usuelle dont les gestionnaires sont l'objet? Quel est l'intérêt du gestionnaire à rendre publique l'information recueillie? C'est à ces questions qu'est consacrée la présente section.

A. QU'EST-CE QUE L'INFORMATION?

Selon la définition des dictionnaires, l'information est constituée de renseignements sur quelqu'un ou quelque chose qu'on porte à la connaissance d'une personne ou d'un groupe de personnes. Cette information est composée de faits, de chiffres, d'opinions, d'impressions, de jugements, de préférences, de comparaisons, de taux ou de pourcentages, d'analyses, de données historiques, de priorités, d'expression de contraintes, de suggestions, de possibilités, d'alternatives, d'attentes ou de standards. Le type d'information recueilli sera évidemment fonction du but poursuivi par l'enquête feed-back.

B. QUELLE EST L'UTILITÉ DE L'INFORMATION?

En réalité, l'information est à la base de toute décision au sein d'une organisation. Nadler (1977) estime que l'information est un élément essentiel pour comprendre les comportements qui sont observés au sein d'une organisation (p. 5). En effet, Kurt Lewin n'a-t-il pas déjà démontré que le comportement d'une personne à un instant donné est fonction de la perception qu'elle a d'elle-même et de son environnement? (St-Arnaud, 1974) Il suffit donc de cerner quelles notions cette personne entretient sur elle-même ou sur les différentes composantes de cet environnement pour saisir le sens de ses comportements. Ce qui s'applique à un individu peut également s'étendre à un ensemble d'individus. Pour sa part, Bordeleau (1992) estime que «(...) l'information constitue pratiquement le sang même (...)» d'une organisation (p. 161). L'information est donc essentielle pour la conduite des activités courantes et la mise en place des mécanismes de régulation ou d'ajustement (Nadler, 1977, p. 5).

Dans le cas de l'entreprise Alie, les données recueillies vont permettre de mieux saisir ce qui influence l'efficacité des comités de travail et, par conséquent, de trouver les mécanismes nécessaires à l'amélioration de la situation. Dans celui de l'AERR, l'information va servir à cerner les besoins véritables de ses membres et à identifier les ajustements requis.

En plus d'aider à comprendre et à cerner une situation initiale, l'information constitue également un facteur important pour faciliter les changements de comportement. À ce chapitre, qui n'a pas expérimenté l'efficacité des faits, des données vérifiables pour influencer les opinions ou les préférences de quelqu'un? Selon Likert et coll. (1976) plus il y a de faits pertinents disponibles, meilleure est la décision et plus facile sera le consensus sur les directions à prendre, et cela, même dans des situations où le conflit est assez important (p. 163). L'enquête feed-back contribue à améliorer la qualité de cette information dans les dossiers où elle est appliquée.

C. COMMENT L'INFORMATION PEUT-ELLE ÊTRE UNE SOURCE DE CONSOLIDATION ET DE DÉVELOPPEMENT?

Depuis quelques années, plusieurs consultants, appuyés par les travaux d'Argyris (1982), se sont mis à considérer l'organisation comme un système d'information et d'apprentissage. Ils postulent que les entreprises qui se développent et qui sont à l'avant-garde dans leur secteur d'activités sont celles où les membres sont incités à apprendre à partir de leurs expériences aussi bien positives que négatives (Peters, 1988). Dans cette perspective, une solution à un problème ou une piste de développement devrait être considérée comme une hypothèse à vérifier dans l'action. C'est grâce à de l'information pertinente que cette hypothèse sera esquissée et qu'elle sera ultérieurement confirmée ou infirmée.

Schein (1985) a également démontré que la culture d'une organisation est le fruit des expériences de succès et d'échecs que les membres d'une unité organisationnelle ou de l'ensemble d'une organisation ont vécues dans leurs tentatives de régler des problèmes qui menaçaient la survie de cette organisation. Cette culture se façonne grâce à l'information qui circule dans l'organisation. De l'information nouvelle, placée dans un cadre renouvelé (Watzlawick et coll., 1974), est un moyen efficace de faire évoluer des éléments de cette culture. L'enquête feed-back peut aider à recadrer une situation particulière grâce à la diversité des regards qu'elle permet de poser sur les éléments de cette situation.

Depuis les travaux de Kurt Lewin, plusieurs praticiens considèrent une situation comme un champ influencé par diverses forces; certaines concourent au maintien de cette situation, tandis que d'autres l'entraînent vers le changement. Dans une situation particulière où le fonctionnement d'une organisation est en cause, les forces en présence ne sont habituellement pas toutes perceptibles par un même acteur; chacun a une perception de la situation, mais à partir de la position qu'il occupe dans cette organisation. On peut faire une analogie entre cette situation et un prisme: chacun des acteurs en saisit une facette et la configuration de ce prisme s'obtient par la mise en commun des perceptions individuelles. Certains théoriciens ne prétendent-ils pas que l'objectivité est la somme des subjectivités? Ainsi, les acteurs, de par leurs rôles dans une organisation, possèdent de l'information pertinente sur certains aspects de son fonctionnement, certaines de ses forces et certaines de ses faiblesses, la nature et l'utilité de certains résultats produits dans ce milieu. L'information nécessaire à la résolution d'un problème de fonctionnement d'une organisation est habituellement disponible dans le milieu. Ces données toutefois sont généralement peu utilisées dans la gestion courante d'une organisation.

Dans le cas de l'entreprise Alie, par exemple, les membres de chaque comité, chaque «facilitateur» et chaque coordonnateur disposaient d'éléments complémentaires pour bien saisir les éléments qui influençaient le problème. Dans celui du centre hospitalier Les Jardins, les préposées aux bénéficiaires, les infirmières et les assistantes avaient chacune leurs perceptions de la situation. Pour l'entreprise Création 2001, les anciens employés, les membres de chaque corps d'emploi, les contremaîtres, l'adjoint au directeur et le directeur du Service de la reliure détenaient eux aussi de l'information complémentaire sur la situation initiale. Pour l'AERR, la solution du problème aurait été impensable sans la contribution des artisans et des entrepreneurs membres de l'Association dans chacune des régions administratives.

D. QUELS PROBLÈMES LES GESTIONNAIRES RENCONTRENT-ILS DANS LA CUEILLETTE DE L'INFORMATION NÉCESSAIRE À CETTE CONSOLIDATION ET À CE DÉVELOPPEMENT?

Les canaux de communication usuels ne permettent pas toujours au gestionnaire de disposer de toute l'information nécessaire à l'amélioration de l'efficacité et du climat de travail d'une organisation, et ce, d'autant plus que les employés des échelons inférieurs ont peu de crédibilité à ses yeux. À titre d'exemple, dans le cas de l'entreprise Création 2001, présenté précédemment, avant la venue du consultant, les gestionnaires n'avaient jamais envisagé de consulter les employés sur les causes des accidents de travail, de l'inefficacité de la production et des tensions avec le personnel d'encadrement. C'est probablement que ces gestionnaires, à l'instar de plusieurs autres, ne considéraient pas que ces employés pouvaient leur fournir des renseignements pertinents sur ces causes. Pourtant, dans ce cas, cette expérience s'est avérée toute autre.

Bordeleau (1992) rapporte cette anecdote très révélatrice de ce qui se passe malheureusement trop souvent dans les organisations. Elle a été vécue et relatée par un gestionnaire.

> (...) je suis allé dîner avec les ouvriers. Deux ouvriers me disent alors qu'ils n'avaient pas assez d'outils dans leur chariot et qu'ils étaient obligés de toujours aller au magasin pour chercher leurs outils. Moi, je n'avais jamais entendu parler de cela. Je n'en ai pas discuté immédiatement avec leur supérieur. J'ai attendu un mois et je lui ai demandé : «Comment ça marche?» Il me l'a expliqué. Alors je lui ai demandé pourquoi on n'avait pas d'autres outils. Il m'a répondu : «On l'a déjà demandé et on avait refusé.» Cette information nous a permis de régler ce détail. (...) Il m'aurait pris beaucoup de temps pour apprendre cela. (p. 167)

On peut reprocher à ce gestionnaire de ne pas avoir écouté son collaborateur immédiat quand ce dernier lui a fait part du problème. Par ailleurs, on peut aussi se demander dans quel contexte cette information a été transmise et de quelle façon elle l'a été. À cause du contexte, elle a pu être noyée dans un flot trop diversifié d'informations, ou encore elle a été reléguée au second plan par des problèmes plus urgents à régler. Il faut peut-être aussi considérer le fait que le problème, lorsqu'il est communiqué directement par ceux qui le vivent, est fréquemment mieux situé dans son contexte et plus précis que lorsqu'il est acheminé par une tierce personne.

Un autre problème à examiner est relié au fait que l'information dont le gestionnaire a besoin n'est pas toujours quantifiable. Dans le cas de l'entreprise Alie, comment peut-on traduire les conflits de rôle entre les coordonnateurs et les «facilitateurs» avec des chiffres qui seront recueillis par les systèmes d'information de gestion? Même des données accessibles, comme le nombre de comités en activité, n'ont pas réussi à être colligées puisque formellement on dénombrait une quantité inférieure de comités de travail actifs. À la décharge des gestionnaires, il faut rappeler que généralement un événement, un fait qui n'est pas attendu ou qui n'est pas susceptible de se produire n'est pas facilement perceptible; les professionnels qui sont appelés à formuler des diagnostics connaissent bien cette difficulté.

Ainsi, l'enquête feed-back est une méthode susceptible de corriger les déficiences des mécanismes de communication, lorsque l'importance d'un dossier le justifie.

E. CHEZ LES GESTIONNAIRES, QUELLES SONT LES STRATÉGIES LES PLUS RÉPANDUES DE RECHERCHE DE SOLUTIONS?

La tâche d'un gestionnaire, quel que soit le niveau de ses opérations, consiste à suivre globalement le fonctionnement du système qu'il supervise (Mintzberg, 1984). Suivre toutes les opérations quotidiennes dans les moindres détails représente cependant une tâche irréaliste, voire improductive. Même avec des systèmes d'information de gestion très efficaces, des aspects lui échappent: des problèmes sont dissimulés par d'autres problèmes plus cruciaux, les priorités du quotidien relaient au second plan les décisions d'ajustements qui nécessitent un examen plus attentif de la situation. Plusieurs types de problèmes, comme l'illustrent les cas de Création 2001, du centre hospitalier Les Jardins ou du Comité consultatif de la gestion du personnel, nécessitent un traitement plus approfondi que le permet un examen routinier.

À cause des urgences auxquelles ils sont confrontés, les gestionnaires pratiquent très fréquemment la «stratégie des petits pas» qui consiste à appliquer une solution qui a déjà fait ses preuves dans une situation similaire; ils économisent ainsi un temps précieux en simplifiant l'étape de l'analyse du problème. Fréquemment toutefois, la solution retenue dans ces circonstances ne produit pas les résultats escomptés et la difficulté initiale se transforme en problème parce que le gestionnaire n'est pas intervenu à temps ou qu'il est intervenu avec une solution impropre qui contribue à la détérioration de la situation (Watzlawick et coll., 1974). Il est donc très important que les informations *pertinentes* soient obtenues au moment *opportun* (Likert et coll., 1976, p. 162). Le cas du centre hospitalier Les Jardins permet d'illustrer ce point. En effet, le conflit qui a éclaté vers la fin de la période de cueillette des données est probablement dû en bonne partie au fait que le climat de travail avait déjà commencé à se détériorer quelques années auparavant. L'information était disponible dans le milieu. On n'a tout simplement pas agi à temps ou de la bonne manière. L'enquête feed-back, si elle avait été appliquée vers la fin du processus d'implantation du changement qui a d'abord transformé ce milieu, aurait probablement permis de cerner les facteurs les plus importants au moment opportun.

F. QUELLE EST LA STRATÉGIE D'INFLUENCE LA PLUS USUELLE DONT LES GESTIONNAIRES SONT L'OBJET?

La plupart des gens sont portés à se laisser influencer par les personnes qui les côtoient d'une façon régulière. Par exemple, dans le cas de l'imprimerie Création 2001, le p.-d.g. est plus soumis à l'influence du directeur du Service de la reliure qu'à celle des contremaîtres et des ouvriers. Le directeur de ce service est davantage sous l'influence de son adjoint que des contremaîtres. L'enquête feed-back permet alors à plus de personnes de se faire entendre et d'influencer les perceptions du gestionnaire et des collègues avec lesquels ils ont moins de contact.

Cette situation mérite d'autant plus d'attention quand on sait que dans le cadre des activités courantes, l'information ne se rend pas facilement là où elle serait le plus utile (Bradford, 1984, p. 14). Les phénomènes reliés à la distorsion de l'information et ceux associés aux goulots d'étranglement dans les canaux de communication sont bien connus. Dans plusieurs entreprises, les problèmes ne parviennent pas jusqu'au gestionnaire, et ce, pour toutes sortes de raisons : les collaborateurs immédiats ont peur de s'attirer des reproches, d'altérer l'image que le patron a de leurs compétences ou de voir leurs chances d'avancement compromises. Dans le cas du centre hospitalier Les Jardins, le problème du non-respect des protocoles par certains médecins n'a jamais été porté à l'attention de l'infirmière-chef de la façon dont la cueillette des données a permis de l'exposer. De même, les pressions mises sur les infirmières par les familles ne se sont jamais rendues à l'infirmière-chef avant que la consultante découvre que c'était une des causes du problème qui était vécu par les professionnelles du service. L'enquête feed-back sert dans ces cas à corriger certaines distorsions, à limiter l'emprise de certaines rumeurs, à rétablir les faits et à restaurer l'énergie dans le système.

G. QUEL EST L'INTÉRÊT DU GESTIONNAIRE À RENDRE PUBLIQUE L'INFORMATION RECUEILLIE?

De l'information qui circule adéquatement dans une organisation est susceptible de créer une synergie entre les gestionnaires et tous les acteurs. Cette synergie aura généralement pour effet de réduire l'emprise des rumeurs et la circulation d'informations erronées ou tendancieuses puisque l'information est disponible. Elle aura aussi pour effet de susciter la mobilisation du personnel et d'augmenter son intérêt à la tâche. Lorsque les employés savent ce qui se passe, quelles sont les orientations de leur secteur d'activités, quelle est la nature de la participation qui est attendue d'eux, ils se sentent valorisés et cela les stimule et contribue à mobiliser leur potentiel, car ils se sentent respectés (Kouzes et coll., 1988, p. 183).

La transparence favorisera également l'équité et la qualité des décisions qui sont prises dans un milieu. De plus, sans information, les travailleurs ne sont pas invités à prendre des responsabilités, ou lorsqu'ils essaient de le faire, ils ne parviennent pas à se rendre justice pleinement, principalement à cause de lacunes en ce qui a trait à la formation et à l'information qui rend les acteurs plus compétents, renforce leur implication et leur fournit des moyens pour vivre du succès au travail (Kouzes et coll, 1988, p. 184).

Pour qu'un groupe se démarque vraiment, il a besoin d'une cible d'action bien définie, qu'il poursuit dans un climat de confiance et de collaboration (Archier et coll., 1989). Malheureusement, plusieurs gestionnaires ont des réticences à faciliter la circulation de l'information au sein de l'organisation qu'ils dirigent. Quels sont leurs motifs? Désirent-ils conserver le pouvoir que leur procure cette information? Manquent-ils de confiance envers les employés? Les croient-ils incapables de considérer les besoins de l'organisation? Ces années-ci, il y a de plus en plus d'employés qui aspirent vraiment à relever des défis au travail. Leur désir de se développer est tel qu'il se situe au-dessus de la rémunération, du statut social et de la sécurité d'emploi dans leur échelle de valeurs (Yankelovitch ,1981, cité par Bradford et coll., 1984, p. 15).

5. LA NOTION DE POUVOIR DANS LE CONTEXTE DE L'ENQUÊTE FEED-BACK

Le pouvoir semble être une notion diffuse et difficile à cerner si on examine les différentes théories qui ont été présentées par Fortin (1991, p. 4-7). Quelques-unes de ces théories attribuent à l'information et à la compétence que cette information procure une certaine source de pouvoir. Faut-il rappeler que French et coll. (1959) mentionnent que l'une des sources de pouvoir dans les groupes et les organisations repose sur le pouvoir d'expert, ce pouvoir que confère, entre autres choses, la connaissance d'une situation ou la capacité de donner une signification aux événements et de proposer différentes voies d'action appropriées.

Il y a pouvoir puisque l'information qui est possédée améliore les possibilités d'influence d'une personne ou d'un groupe et leur capacité à faire évoluer une situation dans le sens désiré. Ainsi, l'aptitude à agir sur l'environnement est améliorée, d'où l'importance de posséder une information de qualité lorsque l'on sait que le développement d'une personne ou d'un groupe de personnes est plus complet et satisfaisant s'ils sentent qu'ils peuvent agir sur cet environnement et donner aux événements l'orientation souhaitée.

L'application de la notion de pouvoir qui vient d'être énoncée sera considérée du point de vue de deux catégories d'acteurs : les exécutants et les gestionnaires.

A. LE POUVOIR DES EXÉCUTANTS

Les exécutants développent une expertise à leur niveau de fonctionnement parce qu'ils sont en contact quotidien avec les clients; ils appliquent régulièrement les procédés en vigueur, subissent les difficultés techniques et les lacunes dans la prévision, la coordination et les mesures de contrôle, et constatent les impacts du style de gestion du gestionnaire sur les opérations quotidiennes.

L'information qu'ils possèdent est appréciée du gestionnaire qui est conscient de ce potentiel et qui désire le mettre à profit, au même titre que les autres ressources mises à sa disposition. Et cette information devient inestimable pour celui qui s'efforce en vain de redresser une situation depuis quelque temps. Ainsi, le gestionnaire qui permet aux exécutants d'influencer ses décisions leur permet par voie de conséquence d'exercer du pouvoir tout en accroissant le sien.

Le pouvoir s'accorde. Mais pour être effectif, il doit également être assumé. L'exercice de cette forme de pouvoir dont il a été question plus haut implique donc une certaine réciprocité : elle s'offre et doit aussi être acceptée. Le fait d'accepter de participer à une enquête feed-back, le fait d'accepter de fournir de l'information appropriée, c'est aussi accepter d'exercer du pouvoir et d'influencer les perceptions de la personne en autorité et les solutions qu'elle devra considérer. Au centre hospitalier Les Jardins, quelques infirmières avaient refusé de participer à la consultation, prétextant n'être pas informées adéquatement. Ce faisant, elles rejetaient l'exercice du pouvoir et se soumettaient aux points de vue des autres, celles qui avaient accepté d'en user.

Plus les acteurs accepteront des responsabilités dans l'amélioration de situations problématiques, plus le gestionnaire sera enclin à les associer à sa réflexion sur le développement du milieu, et plus ils amélioreront leur pouvoir d'agir sur leur situation de travail et augmenteront leur sentiment de compétence et leur confiance envers le gestionnaire.

(...) la comparaison, dans divers secteurs d'activités, d'organisations analogues mais d'efficacité différente a démontré qu'à niveau hiérarchique égal les membres disposaient de plus de pouvoir dans les organisations très efficaces (...) (Fortin, 1991, p. 25-26).

Pour que cette forme de pouvoir s'exerce avec efficacité, le gestionnaire doit généralement être convaincu que l'information que ces acteurs lui fournissent est crédible et de qualité, et que les sources d'information sont fiables, c'est-à-dire qu'elles ne sont pas en train de lui fournir de faux renseignements ou de l'induire en erreur (Fortin, 1991, citant Capon et coll., 1973 et Gillig et coll., 1974, p. 10).

B. LE POUVOIR DES GESTIONNAIRES

Une source de pouvoir découle, selon certains auteurs, des droits qui sont impartis au titulaire d'un poste (Fortin, 1991, p. 8). En revanche, Hersey et coll. (1988) estiment que ce pouvoir d'un gestionnaire dépend en très grande partie du fait que son supérieur hiérarchique désire vraiment lui déléguer de l'autorité et l'appuie dans l'exercice de cette autorité (p. 205).

Or ce degré de délégation semble assez souvent influencé par la perception qu'a ce dernier de l'appréciation et du respect dont jouit le gestionnaire auprès de ses subalternes, et de la qualité de l'information que ces derniers lui transmettent (Hersey et coll., 1988, p. 218-219).

On peut donc dire, d'une certaine manière, que le pouvoir d'un gestionnaire dépend de la volonté de ses subordonnés de l'appuyer dans l'exercice de ce pouvoir. De ce point de vue, ce type de pouvoir est relationnel et n'est pas l'attribut d'une personne ni d'une fonction (Crozier et coll., 1991, p. 135-137; Fortin, 1991, p. 3).

Les subordonnés seront d'autant plus enclins à soutenir un responsable qu'ils seront convaincus que leurs objectifs personnels trouvent une correspondance dans ceux qu'il poursuit (Hersey et coll., 1988, p. 206). Le pouvoir qu'il détient serait en quelque sorte une traduction de la confiance qu'il a réussi à développer chez ses collaborateurs (Crozier et coll., 1991, p. 137), de la cohésion et de la qualité des rapports qu'il entretient avec eux (Hersey et coll., 1988, p. 2).

L'enquête feed-back fournit l'occasion de développer un engagement collectif face à des objectifs explicites qui sont perçus et valorisés par le gestionnaire et ses subalternes, et ce, tout en permettant au premier d'améliorer la qualité de ses informations dans la gestion d'un dossier spécifique, aspect important dans la dynamique du pouvoir si on s'en reporte à Nagel (Fortin, 1991, p. 9).

De plus, le soutien que les subalternes apportent au gestionnaire en participant activement à une enquête feed-back va contribuer à consolider son pouvoir dans le milieu, car ce faisant ils montrent leur volonté que des tâches importantes pour le développement de l'organisation soient assumées et conduites avec succès, autre élément important dans la dynamique du pouvoir (Kouzes et coll., 1988, p. 172).

6. LA NOTION DE PARTICIPATION

La méthode de l'enquête feed-back mise sur la participation des personnes concernées par une situation initiale afin d'améliorer la qualité d'une décision qui doit affecter cette situation initiale.

Cette section est consacrée à l'examen des points suivants :

- la notion elle-même;
- les différents niveaux de participation;
- l'effet de la participation sur l'engagement des acteurs;
- l'effet de la participation sur le développement des ressources humaines.

A. L'EXAMEN DE LA NOTION

Participer signifie prendre part à quelque chose. En règle générale, quelqu'un qui participe remplit un rôle actif; il contribue à un projet. Ce faisant, il a de l'influence et du pouvoir à cause de son implication dans une démarche, une situation ou un processus de décision (Vroom et coll., 1988, p. 15).

Cette participation sera réelle lorsqu'une personne va véritablement se sentir partie prenante et engagée dans un projet et qu'elle aura la possibilité d'influencer les décisions prises à son niveau de participation. Dans le modèle présenté ici, le fait d'assister à des activités, mais sans possibilité d'y exercer un rôle actif, ne constitue pas de la participation. Par exemple, la personne qui assiste à une séance d'information sans avoir la possibilité d'apporter une contribution réelle au but poursuivi n'est pas en train de participer; elle se fait informer.

La notion de participation est complémentaire à celle de pouvoir et elle suppose elle aussi une certaine forme de réciprocité. On peut offrir à quelqu'un la possibilité de participer, mais cette participation se concrétisera lorsqu'il acceptera de s'impliquer, de prendre un certain risque dans des tentatives d'influence, et ce, dans la poursuite de l'un des buts suivants :

- apporter du soutien;
- fournir un éclairage complémentaire;
- proposer une interprétation différente;
- esquisser une autre voie d'action;
- vérifier la validité des voies d'action qui ont été examinées;
- choisir.

Le lecteur comprendra qu'il y a des formes diversifiées ou des degrés variables de participation qui peuvent être proposés à une personne. Il est préférable que les règles du jeu soient connues dès le point de départ afin d'éclairer la personne qui aura à préciser son intérêt à participer à une activité pour laquelle elle est sollicitée. Quelqu'un pourrait refuser de participer parce qu'il trouve que son influence ne sera pas assez considérable, qu'il se méfie des intentions réelles des gestionnaires ou encore parce qu'il prévoit que cette participation sera trop exigeante, compte tenu de ses priorités ou obligations personnelles. En outre, le niveau de participation qu'une personne consentira à exercer sera fonction de ses responsabilités, de ses compétences, de ses intérêts, de ses disponibilités et de ses besoins.

B. LES NIVEAUX DE PARTICIPATION

Dans l'enquête feed-back, le niveau de la participation doit être ajusté en fonction de la culture propre à chaque milieu. En ce qui a trait à la prise de décision, la culture organisationnelle peut se traduire de huit façons différentes:

1. La direction décide seule sans information préalable adressée aux membres concernés.

2. La direction décide seule et informe les membres concernés avant d'appliquer la décision.

3. La direction consulte mais prend seule la décision.

4. La direction consulte, demande aux membres concernés d'indiquer des pistes d'action respectant certaines contraintes et prend seule la décision en respectant les pistes suggérées.

5. La direction associe les membres concernés dans le choix des priorités d'action.

6. La direction associe les membres concernés par les points suivants:

   - le choix des priorités d'action et des moyens à mettre en place pour atteindre les objectifs visés;

- l'implantation de ces moyens;
- l'évaluation de l'efficacité des actions retenues.

7. La direction fournit de l'information sur les résultats significatifs à atteindre et ceux qui ont été obtenus et laisse aux membres concernés le choix des priorités d'action nécessaires pour corriger la situation ou atteindre les objectifs.

8. Les objectifs à atteindre et les moyens à mettre en place sont déterminés par les membres concernés (St-Pierre, 1975; Lapointe, 1983, citant Strauss et coll., 1970 et Walker, 1975).

L'enquête feed-back est incompatible avec les deux premiers modes. En outre, le consultant a intérêt à ne pas mettre en place des conditions qui relèvent d'un type de culture particulier dans un milieu qui n'a pas encore accès à ce niveau de participation. À titre d'exemple, on ne mettrait pas en place des conditions qui relèvent du type 5 en disant aux répondants qu'ils vont choisir les priorités d'action dans un milieu de type 3. C'est un peu le problème qui semble avoir été rencontré dans le cas du Comité consultatif de la gestion du personnel. Les répondants ont été invités à identifier des priorités d'action alors que les hauts dirigeants de cette époque semblaient plutôt appartenir au type 2. Ce projet ne semble pas avoir suscité le renouveau et la mobilisation qu'il aurait pu entraîner.

Le consultant qui désire accroître le niveau de participation au sein d'une organisation a intérêt à agir de concert avec les gestionnaires en place et à les soutenir dans leurs décisions quant au type de participation qu'ils désirent favoriser. Autrement, il ne provoque que des tensions inutiles susceptibles de durcir les positions et de provoquer de la frustration et de la démobilisation. Pour être efficace, la participation doit être justifiée et appropriée au contexte (Vroom et coll., 1988, p. 26).

C. L'EFFET SUR L'ENGAGEMENT

Généralement, plus le degré de participation est élevé, plus grand est l'engagement des acteurs dans la formulation de solutions novatrices et l'application des choix stratégiques qui auront été faits. Cet engagement, qui va favoriser la mobilisation des acteurs dans un projet commun, est potentiellement une source d'innovation et de créativité, compte tenu du potentiel des personnes concernées. Cet engagement est également susceptible de réduire la résistance au changement, puisque ces personnes se seront progressivement apprivoisées au nouveau contexte qui sera mis en place.

D. L'EFFET SUR LE DÉVELOPPEMENT DES RESSOURCES HUMAINES

La pratique de la participation aide les acteurs à développer des compétences dans l'analyse des problèmes, le choix de solutions qui s'intègrent aux contraintes justifiées, la mise en place des décisions et l'évaluation de l'efficacité de ces décisions. Ce faisant, ils élargissent également leur vision du milieu, développent leur sens du relatif et le sens des responsabilités (Lawler, 1986). Évidemment, les acteurs devront recevoir le soutien nécessaire pour développer progressivement les compétences requises et vivre du succès. L'auteur a rencontré dans plusieurs milieux des employés d'exécution qui souhaitaient avoir du *coaching* pour développer des compétences qui leur permettraient de devenir des interlocuteurs valables pour le personnel d'encadrement afin de mieux l'appuyer dans ses activités quotidiennes de gestion.

De cette façon, la participation permet d'accroître le réservoir des talents sur lesquels une organisation peut compter. Lorsque les cadres sont libérés de certaines tâches routinières, ils peuvent vaquer à d'autres occupations d'une importance stratégique plus grande et qui contribuent à améliorer la concertation, les méthodes de travail, la performance globale, la qualité de ce qui est produit et le service à la clientèle. Les cadres qui ne misent pas sur le potentiel qu'offre la participation font un mauvais usage des ressources humaines qui sont mises à leur disposition. Ils sont alors condamnés à des tâches routinières qui n'aident pas nécessairement l'organisation à se démarquer dans son secteur d'activités.

Le lecteur connaît sans doute le principe de gestion qui vise à placer le centre de décision le plus près possible de l'action. Certains cadres y sont réticents parce qu'ils prétendent que les employés ne sont pas aptes à prendre des décisions complexes, de qualité, sans donner la priorité à leurs intérêts personnels. La participation est une école de formation de personnel, que les cadres devraient instaurer progressivement. Un cadre d'envergure s'entoure habituellement de personnes compétentes qui continuent à progresser (Bordeleau, 1992, p. 114-120).

La participation, lorsqu'elle est bien encadrée, contribue habituellement à améliorer le climat de travail et les relations entre les employés et la direction et entre les employés eux-mêmes. Les membres d'une équipe apprennent ainsi à se faire confiance et à développer entre eux des aspects complémentaires.

7. L'ENQUÊTE FEED-BACK COMME MOTEUR DE CHANGEMENT

L'enquête feed-back est une méthode susceptible de faciliter l'implantation d'un changement pour les raisons suivantes :

1. l'information est habituellement un facteur important de changement;
2. le partage de l'information en groupe facilite ordinairement le changement;
3. la participation à une réflexion est couramment un facteur important de changement;
4. généralement, un changement s'opère plus facilement lorsque le projet suscite l'intérêt et l'engagement des acteurs concernés.

A. L'INFORMATION EST HABITUELLEMENT UN FACTEUR IMPORTANT DE CHANGEMENT

De l'information qui rend discordantes les perceptions ou les croyances qu'un acteur entretient au sujet d'une situation est habituellement une source de tension (Festinger, 1957). Lorsque cette tension se produit, cet acteur s'efforce normalement de la réduire en adoptant l'un ou l'autre de ces comportements : il atténue ou modifie l'information pour qu'elle concorde avec sa perception des faits ou ses croyances; il modifie l'environnement pour le rendre conforme à ses aspirations et à ses croyances; il modifie ses perceptions, ses croyances ou ses agissements pour les rendre plus appropriés au contexte (Festinger, 1957). Dans le cadre d'une enquête feed-back, il semble difficile de modifier l'information recueillie et même de l'atténuer; plusieurs répondants veillent à ce que les données soient adéquatement véhiculées et interprétées. Habituellement, quand un membre d'un système est correctement informé de toutes les dimensions et de tous les aspects d'une situation, il commence déjà à modifier sa propre perception et se prépare à s'engager dans un changement. La force d'entraînement de ces données sera d'autant plus forte qu'elles révèlent des écarts significatifs entre ce qui existe et ce qui est souhaité (Bowers et Franklin, 1977; Cartwright, 1951; Mann, 1957).

Dans le cas de l'entreprise Alie, par exemple, les données qui ont été présentées aux membres du comité Santé et sécurité ont fait ressortir des différences importantes entre le discours et l'action sur trois aspects particuliers. Les membres de ce comité estimaient que trois valeurs fondamentales devaient être respectées dans leurs travaux : assurer la sécurité du personnel, travailler en collaboration, rechercher le consensus dans les décisions. Or, un certain nombre de répondants avaient identifié plusieurs décisions dans lesquelles la sécurité du personnel de l'usine n'avait pas nécessairement été un sujet de préoccupation. Pour chacune, lors de la prise de décision, le groupe s'était scindé en deux et les décisions avaient été prises à la majorité. Devant ces faits, les membres de cette équipe ont examiné différents moyens susceptibles de corriger la situation. Ils ont établi un consensus sur les moyens qui seraient à expérimenter et les ont implantés très rapidement.

B. LE PARTAGE DE L'INFORMATION EN GROUPE FACILITE ORDINAIREMENT LE CHANGEMENT

Dans le cadre de l'enquête feed-back, l'information recueillie est présentée aux répondants réunis explicitement à cet effet; le lecteur reconnaîtra qu'il s'agit là d'une caractéristique essentielle de cette méthode. L'objet de cette réunion est de valider les données recueillies, de les compléter et les enrichir, de les interpréter, de favoriser l'émergence de pistes d'action ou de changement adaptées au contexte et aux contraintes du milieu, de gérer certaines résistances et de faire en sorte que le projet devienne un projet collectif.

Dans le projet de l'Association des entrepreneurs en rénovation et en restauration dont il a été question au chapitre précédent, le fait de présenter les résultats aux répondants des principales régions a permis aux membres de ces régions de constater quels étaient leurs besoins particuliers et de mettre en place des mécanismes susceptibles de répondre à ces besoins.

Cette situation de groupe contribue donc à faciliter l'implantation des changements, et ce de la façon suivante :

– Les données recueillies prennent d'abord plus de valeur aux yeux des acteurs qui sont à même de vérifier l'information qui a été retenue, de la compléter ou de la corriger, le cas échéant.

– Les acteurs, de ce fait, s'approprient l'information et les éléments de la situation, ce qui contribue à accroître leur sens des responsabilités face aux solutions qu'ils devront envisager.

– Cette situation de groupe permet de faire émerger des pistes d'action ou de changement qui vont recevoir l'assentiment d'un grand nombre d'acteurs; le choix de ces pistes est habituellement influencé par une certaine sagesse collective qui tient compte des contraintes qui prévalent dans le milieu.

– Lors du partage de l'information, certaines résistances sont susceptibles d'apparaître; elles sont fréquemment traitées par les participants eux-mêmes.

- En cours d'implantation, les membres du groupe pourront se donner le soutien nécessaire à l'évolution progressive de la situation et, de ce fait, faciliter le changement en exécutant les décisions qu'ils auront prises lors du traitement de ces résistances.

- Enfin, lorsque la séance de retour d'information est bien gérée, les acteurs s'approprient généralement le projet de changement en influençant son orientation et en assumant des responsabilités pour assurer le suivi.

En dernière analyse, le lecteur peut comparer la séance de retour d'information à l'activité de l'expert au moment de la présentation de son rapport et de ses recommandations. Généralement, ce rapport est remis au gestionnaire dans le cadre d'une réunion de travail; les pourvoyeurs d'information ne peuvent pas réagir aux informations que le rapport contient. Lors de cette rencontre, le gestionnaire aura peu de temps pour comprendre l'information, la valider, se l'approprier, saisir la cohérence qu'il y a entre les données et les recommandations. Il peut même arriver que ces recommandations, répondant aux exigences de la profession de l'expert, ne soient pas adaptées au contexte de la situation dans laquelle elles devront s'inscrire. Lorsque les services de l'expert n'auront pas été retenus pour les étapes de l'implantation, les acteurs se retrouveront assez souvent dépourvus de la logique qui faisait de ces recommandations un système cohérent et, de ce fait, seront dans l'incapacité d'y donner suite de façon efficace.

C. LA PARTICIPATION À UNE RÉFLEXION EST COURAMMENT UN FACTEUR IMPORTANT DE CHANGEMENT

Un processus de changement qui repose sur des données crédibles, recueillies de façon méthodique et impartiale auprès des principaux acteurs concernés, est habituellement plus efficace que celui qui repose uniquement sur des principes provenant d'une source extérieure à l'organisation. Il en est ainsi particulièrement lorsque les habitudes et les méthodes de travail, les relations entre les personnes, les normes en vigueur entre ces personnes ou les moyens techniques qu'elles emploient sont la cible du changement. Plus ces données ont une signification réelle pour les acteurs, plus elles deviennent une force motrice dans ce changement.

Dans la situation de l'imprimerie Création 2001, l'information qui a été pré- sentée aux contremaîtres les a incités à modifier leur façon d'interagir avec les employés. En revanche, l'adjoint au directeur du Service de la reliure qui n'avait pas participé activement au déroulement de ce projet a réagi négativement à ces résultats et il a trouvé un moyen de se soustraire à ses responsabilités.

D. UN CHANGEMENT SE RÉALISE PLUS FACILEMENT LORSQUE LE PROJET SUSCITE L'INTÉRÊT ET L'ENGAGEMENT DES ACTEURS CONCERNÉS

La méthode de l'enquête feed-back suscite habituellement de l'énergie positive dans un milieu. Elle crée de l'intérêt autour d'une situation, canalise les ressources des acteurs dans un projet commun et leur permet d'en influencer l'orientation. Ce faisant, elle facilite l'implantation des changements.

De plus, les membres du système sont habituellement valorisés par cette implication qui accrédite leur point de vue, reconnaît leur champ de compétence par rapport à l'objet de l'enquête et, enfin, leur permet de se faire entendre du responsable.

L'implication suscitée par une telle démarche est d'autant plus grande que, d'une part, le responsable du secteur où elle se déroule la perçoit positivement et désire qu'elle ait des suites et, d'autre part, qu'elle contribue à améliorer les conditions de travail ou l'efficacité du milieu. Dans plusieurs cas, une enquête feed-back effectuée sur un sujet relatif au fonctionnement d'un milieu s'est avérée une façon de libérer certaines tensions qui affectaient le climat de travail, de renouveler l'intérêt de ses membres et de rendre ce milieu plus efficace.

Dans le cas du Comité consultatif de la gestion du personnel, le sujet abordé a suscité beaucoup d'intérêt et d'implication chez les cadres intermédiaires. L'implantation des changements proposés aurait sans doute été facilitée si les hauts dirigeants de la fonction publique avaient décidé de donner suite à ces suggestions.

CONCLUSION

La méthode de l'enquête feed-back s'appuie sur les principes qui viennent d'être énoncés. Ils permettent de cerner les principaux facteurs qui doivent être pris en considération pour faire de cette méthode un moyen efficace pour soutenir un processus de changement organisationnel.

Chapitre 4
Les étapes préparatoires
à l'application de la méthode

Un consultant, qu'il soit interne ou externe, ne s'amène pas à l'improviste dans un système pour y conduire une enquête feed-back[5]. Comme le lecteur l'a vu précédemment, cette méthode s'inscrit ordinairement dans un processus plus large qui comporte lui-même ses propres étapes initiales. Le tableau 1 dresse la liste de ces étapes préparatoires.

Tableau 1
Les étapes préparatoires à l'application de l'enquête feed-back

1. La réception d'une demande d'aide ou d'un mandat
2. La définition de la situation initiale et des frontières du système-client
3. L'entente sur la relation souhaitée et les rôles et responsabilités réciproques
4. L'examen de la pertinence d'intervenir
5. L'examen de la pertinence d'appliquer l'enquête feed-back
6. La préparation d'un projet d'intervention et la conclusion d'une entente avec le client ou avec le mandant
7. L'information des membres du système-client sur la nature de l'intervention
8. La détermination du champ d'investigation
9. L'établissement d'un plan de travail détaillé avec le client

---

5. Le lecteur est invité à consulter Lescarbeau et coll., 1990, p. 123, pour prendre connaissance de la distinction qui existe entre faire de la consultation et faire de l'exécution.

1. LA RÉCEPTION D'UNE DEMANDE D'AIDE OU D'UN MANDAT

Les quatre premiers exemples du chapitre deux laissent entendre que le consultant a d'abord reçu une demande d'aide. À titre d'exemple, dans le cas de l'entreprise Alie, la demande que le consultant avait reçue était la suivante : d'une part, cerner ce qui cause l'augmentation du temps passé en réunion et, d'autre part, identifier ce qui serait susceptible d'améliorer l'efficacité des comités.

Dans le cinquième exemple, le Comité consultatif de la gestion du personnel, l'Office des ressources humaines et le Secrétariat du Conseil du trésor avaient donné un mandat à un comité de travail mis sur pied pour réaliser la consultation projetée. Le mandat de ce comité était le suivant : établir un diagnostic organisationnel sur la gestion des ressources humaines dans la fonction publique québécoise en consultant les cadres intermédiaires sur leurs préoccupations en matière de gestion des ressources humaines, les moyens qu'ils utilisent et les difficultés qu'ils rencontrent.

Lescarbeau et coll. (1990, p. 82) énumèrent des facteurs qui influencent la décision de faire une demande d'aide à un consultant externe ou de donner un mandat à un consultant interne. Ces facteurs sont les suivants :

> (...) les intervenants d'un programme n'ont pas l'expertise méthodologique pour procéder à certaines opérations ; les personnes concernées ne parviennent pas à prendre le recul nécessaire à l'évolution d'une situation ; la situation est telle que les différents acteurs peuvent être en conflit d'intérêts ; les personnes en place n'ont pas la disponibilité de temps requise pour analyser adéquatement une situation ; diverses tentatives de solutions ont déjà été expérimentées sans succès ; la situation n'est pas conforme à ce qui est attendu et on ne sait pas comment s'y prendre pour apporter les correctifs requis ; des pressions sont exercées sur ou par le milieu pour inciter les personnes en cause à faire évoluer une situation donnée ; un sérieux manque d'information paralyse le processus de décision ; (...) une réelle urgence nécessite que quelque chose se fasse.

2. LA DÉFINITION DE LA SITUATION INITIALE ET DES FRONTIÈRES DU SYSTÈME-CLIENT

La situation initiale est ce qui incite quelqu'un à adresser une demande d'aide à un consultant externe ou interne. Elle est différente de la demande qui exprime généralement les besoins du demandeur. La situation initiale est préalable à la demande et décrit les circonstances qui ont fait émerger les besoins du demandeur. La situation initiale a une histoire; elle se situe au sein de frontières qui doivent être précisées et, de plus, elle affecte au moins un individu; enfin, elle a des effets observables.

A. UNE HISTOIRE

La situation initiale a une histoire. On peut en retracer les débuts et l'évolution. Ses origines sont généralement attribuables à un événement ou se situent à une période particulière de la vie d'un système ou d'un sous-système. Le développement de la situation initiale est habituellement associé à des tentatives infructueuses de solution, des prises de position du gestionnaire ou de certains groupes de personnes, des frictions entre deux personnes ou plusieurs, ou d'autres faits de nature semblable.

B. DES FRONTIÈRES

La situation initiale s'exprime sur un *territoire* particulier. Ce territoire, une fois circonscrit, servira à définir les frontières du *système-client* et il englobera toutes les personnes qui sont concernées, directement ou indirectement, par cette situation initiale. Ce territoire peut réunir un ou plusieurs sous-systèmes ou se limiter à une partie seulement du système ou encore l'englober en entier. Ces frontières sont généralement définies par le consultant pour les besoins de l'intervention et elles circonscrivent le lieu où se fera l'intervention. Elles sont flexibles, c'est-à-dire qu'elles seront ajustées en fonction des besoins et de l'évolution de l'intervention.

C. UN INDIVIDU AU MOINS EST AFFECTÉ

Cette situation initiale affecte au moins un individu qui fait partie du système-client. Cette personne ou ces personnes sont affectées par les effets de cette situation initiale qui les incommode à des degrés divers.

D. DES EFFETS OBSERVABLES

La situation initiale a des effets observables sur le système. Ces effets s'évaluent en termes de coûts, de nombre d'heures perdues, de produits gâchés, de démobilisation, d'accroissement de tensions, de baisse de productivité, de plaintes, d'heures passées en discussion.

Voici un exemple de situation initiale. Depuis quelque temps on constate, à l'imprimerie Création 2001,

— un fort roulement de personnel, au Service de la reliure, en dépit des salaires qui se situent au-dessus de ceux qui sont versés par les concurrents;

— on y relève également de nombreuses erreurs de production qui grugent la marge bénéficiaire de façon alarmante;

— les accidents de travail se multiplient et font gonfler la facture de la CSST;

— le taux d'absentéisme élevé et la faible motivation pour le travail rendent parfois les échéances difficiles à respecter; les contremaîtres sont obligés de se comporter en préfets de discipline, ce qui envenime les choses.

Lescarbeau et coll. (1990) ont développé un instrument pour aider un consultant à définir cette situation initiale (p. 104-106).

3. L'ENTENTE SUR LA RELATION SOUHAITÉE ET LES RÔLES ET RESPONSABILITÉS RÉCIPROQUES

Plusieurs questions devront être examinées avec soin pour préciser les attentes du demandeur quant à la relation qu'il souhaite établir avec le consultant et les rôles qu'il entend jouer durant cette démarche. Ces questions sont les suivantes :

— Quelle contribution le client a-t-il l'intention d'apporter à ce projet?

— Comment voit-il ses liens avec le consultant?

— Qu'est-ce qu'il considère comme relevant de son champ de compétence exclusif?

— Qu'est-ce qu'il considère comme relevant du champ de compétence exclusif du consultant?

— Qu'est-ce qu'il considère comme relevant des champs de compétence partagés?

— Quelle sera sa disponibilité?

Ces renseignements aideront le consultant à déterminer quelle conception le demandeur se fait de l'intervention, de son rôle et de celui du consultant.

4. L'EXAMEN DE LA PERTINENCE D'INTERVENIR

Au cours des étapes préparatoires, le consultant examine la pertinence d'intervenir dans le contexte qui lui est présenté. Sa position va dépendre de plusieurs facteurs :

- *La nature de la situation initiale.* Certains types de situation initiale se traitent adéquatement avec l'enquête feed-back alors que d'autres s'y prêtent moins bien, comme le lecteur le verra plus loin.

- *La position du demandeur dans le système, ses valeurs et son degré d'ouverture au changement.* Certains demandeurs ne présentent pas les qualités nécessaires pour devenir le client[6]. D'autres remplissent les critères requis mais ont une conception de la relation d'autorité ou une opinion sur la nature des changements à produire dans le milieu qui s'accommodent mal avec les fondements de l'enquête feed-back.

- La nature et le degré de réalisme des objectifs poursuivis et des critères d'évaluation qui ont été présentés par le client.

- Les attentes que le client entretient à l'endroit du consultant et les rôles qu'il désire lui attribuer.

- La compétence du consultant face à ce projet, son intérêt, sa disponibilité.

5. L'EXAMEN DE LA PERTINENCE D'APPLIQUER L'ENQUÊTE FEED-BACK

À ce stade, le consultant détient généralement l'information qui lui permettra d'examiner différentes stratégies et de choisir une approche appropriée pour les appliquer. Celui qui débute souhaitera sans doute prendre du recul, traiter et analyser consciencieusement les données qu'il a recueillies avant de discuter de stratégie avec le client. Le consultant expérimenté, quant à lui, pourra déjà examiner avec le client différents scénarios qu'il pourra confirmer ultérieurement lors de la présentation du projet d'intervention. Lescarbeau et coll. (1990) ont fait une liste des stratégies dont dispose le consultant selon le degré de complexité du système-client et l'orientation que doit prendre l'intervention (p. 121-123).

L'enquête feed-back quant à elle est une méthode flexible qui peut s'appliquer à de multiples situations. Elle est efficace lorsque certaines conditions sont réunies. Certaines sont relatives à la situation elle-même, d'autres sont relatives aux membres du système-client : le gestionnaire et les éventuels répondants.

---

6. Pour un supplément d'information à ce sujet, consulter Lescarbeau et coll., 1990, p. 88.

A. LA SITUATION

En ce qui concerne la situation elle-même, ces conditions sont reliées aux facteurs suivants :
- l'importance de la situation;
- l'absence de conflit majeur;
- la complexité de la situation;
- le besoin d'adhésion à la solution qui fera l'objet des priorités d'action.

D'abord, *la situation initiale doit avoir une certaine importance* et son évolution est une nécessité. Sans cette relative importance et cette nécessité, les répondants ne fourniraient pas l'implication et l'investissement personnels requis, éléments parmi d'autres qui rendent cette méthode efficace.

En deuxième lieu, *la situation initiale ne doit pas être trop explosive*. Dans ces cas extrêmes, l'enquête feed-back devient facilement un moyen stratégique utilisé par l'une des parties en cause pour atteindre ses fins. Dans de telles circonstances, l'information que cette méthode permet de recueillir est biaisée par la stratégie qui alimente la confrontation.

En troisième lieu, *la situation initiale doit requérir un certain recadrage* (Lefebvre, 1975; Watzlawick et coll., 1974) ou un changement de deuxième ordre (Watzlawick et coll., 1974; Bartunek et coll., 1987). Ce serait une mauvaise utilisation des ressources que d'appliquer cette méthode à une difficulté qui ne nécessite que des aménagements mineurs évidents. En revanche, le gestionnaire qui cherche en vain à solutionner un problème depuis quelque temps trouvera très certainement dans l'application de cette méthode un moyen pour élargir son cadre de référence et ses possibilités d'action.

Enfin, l'enquête feed-back est appropriée à toute situation où *l'adhésion à la décision* est aussi importante que la qualité de la décision elle-même. L'information requise pour prendre une décision de qualité doit de plus être détenue par un certain nombre de personnes qui sont concernées par la situation initiale. Par ailleurs, l'enquête feed-back ne s'emploie pas pour résoudre des problèmes qui sont strictement d'ordre technique.

B. LE GESTIONNAIRE

En ce qui concerne le gestionnaire, les conditions nécessaires pour que l'enquête feed-back s'avère une méthode d'intervention efficace sont liées à son désir d'associer les acteurs à l'amélioration de la situation initiale.

Tout d'abord, le gestionnaire doit avoir *la conviction qu'il va améliorer la qualité de sa décision* s'il prend connaissance de l'information que les membres du système-client détiennent sur la situation initiale. S'il en va autrement, il ne consacrera pas le temps requis par sa part d'implication et il prendra des décisions prématurées qui vont invalider le processus.

En outre, le gestionnaire doit *considérer positivement la participation des membres* du système-client à la solution d'un problème qui les concerne. Il doit donc manifester une ouverture au changement et aux remises en question, à défaut de quoi ses réactions risquent de tout compromettre lors du retour d'information et d'influencer à la baisse la qualité des décisions qui vont s'y prendre.

Enfin, le gestionnaire doit *avoir la ferme intention de tenir compte à la fois des données recueillies et des réactions des participants, et de s'appuyer sur elles* pour planifier les changements à introduire dans la situation initiale. Autrement, les répondants auront l'impression qu'on les a bernés en leur faisant croire qu'ils étaient consultés.

C. LES ÉVENTUELS RÉPONDANTS

En ce qui concerne les éventuels répondants, les conditions nécessaires pour que l'enquête feed-back s'avère une méthode d'intervention efficace sont reliées aux facteurs suivants :

- leur degré d'implication dans la situation initiale;
- leur capacité de prendre du recul;
- leur ouverture à la collaboration;
- leur confiance dans ce processus.

En premier lieu, les éventuels répondants doivent se *sentir concernés par la situation initiale et être désireux de s'impliquer* dans son amélioration.

De plus, ils doivent détenir de l'information sur les différents éléments qui influencent cette situation et être *capables de prendre du recul* face à celle-ci.

En outre, les membres du système-client doivent manifester le *désir de collaborer avec le gestionnaire* qui utilise le processus de l'enquête feed-back et lui faire confiance; autrement, la qualité de l'information recueillie sera douteuse.

Enfin, les membres du système-client *doivent avoir confiance dans ce processus* et ils ne doivent pas avoir vécu trop d'expériences de consultation n'ayant pas eu de suites, car fréquemment ce genre d'expériences engendrent des frustrations que les acteurs préfèrent ne pas connaître à nouveau.

L'enquête feed-back est donc une méthode de circulation d'information qui, lorsqu'elle est employée dans des conditions propices, peut faciliter la concertation des membres d'un milieu dans le cadre d'un projet de développement. Les gestionnaires et les professionnels de l'intervention ont par conséquent intérêt à la connaître et à s'en servir pour compléter les méthodes qu'ils utilisent déjà. Le gestionnaire désireux de miser sur la gestion participative s'apercevra que cette méthode constitue une excellente façon d'amorcer la transition.

6. LA PRÉPARATION D'UN PROJET D'INTERVENTION ET LA CONCLUSION D'UNE ENTENTE AVEC LE CLIENT OU AVEC LE MANDANT

Après s'être entendu avec le client ou le mandant sur les points suivants:

– la pertinence de poursuivre la démarche,
– le but et les signes de succès,
– le choix du client ou du responsable,
– les frontières du système-client,
– les rôles et responsabilités,

et après avoir considéré différentes stratégies et choisi celle qui semble la plus pertinente, le consultant est en mesure de travailler à la préparation d'un projet d'intervention et à le présenter au client ou au mandant.

Lescarbeau et coll. (1990, p. 114-149) énumèrent les éléments que contient habituellement un tel projet:

– le rappel de la demande;
– le rappel de la situation initiale;
– le but de l'intervention et ses signes de succès;
– la désignation du client;
– la description du système-client;
– la démarche générale proposée;
– les rôles et responsabilités du client, du consultant et des membres du système-client;
– les clauses particulières telles que: le respect de l'anonymat, les modalités d'interruption de la démarche, l'accès aux dossiers, s'il y

a lieu, et d'autres conditions nécessaires qu'il vaut mieux prévoir avant le début de l'intervention que pendant son déroulement.

7. L'INFORMATION DES MEMBRES DU SYSTÈME-CLIENT SUR LA NATURE DE L'INTERVENTION

L'enquête feed-back est une méthode de circulation d'information, comme il a déjà été démontré. Par conséquent, il serait opportun d'entreprendre l'application de cette méthode auprès des membres du système-client en les informant adéquatement sur les points suivants :

- le rappel de la situation initiale qui a donné naissance à la démarche;
- le but poursuivi;
- le cheminement prévu et son échéancier;
- les rôles que les membres, le client et le consultant auront à jouer;
- les catégories de personnes qui seront associées à cette démarche.

Lescarbeau et coll. (1990) ont préparé un instrument afin de permettre au client et au consultant de s'entendre sur le contenu et les modalités de cette transmission d'information (p. 176-177).

Le but de cette étape est de présenter le projet qui s'amorce de façon qu'il soit correctement perçu de toutes les personnes concernées et même de tous les membres du milieu, et ce, afin de contrôler les rumeurs qui peuvent naître, se développer et nuire au déroulement du projet. Dans le cas du centre hospitalier Les Jardins, une rumeur avait circulé dans l'hôpital, selon laquelle les choses allaient tellement mal au Service des soins de natalité que l'infirmière-chef « dépassée » avait eu recours aux services d'une consultante. Le personnel du service avait été indisposé par cette idée qu'il trouvait préjudiciable. La directrice des soins, l'infirmière-chef et la consultante auraient pu, sans doute, présenter cette intervention aux autres infirmières-chefs afin qu'elle soit correctement perçue et décrite.

C'est la responsabilité du consultant de s'assurer que l'information est correctement transmise aux membres du système-client et celle du client de la transmettre conformément aux ententes qui ont été prises entre lui et le consultant. C'est le premier test véritable de la compréhension que le client a de l'intervention. Le consultant sera à même de constater si lui-même et son client ont une perception commune de la démarche. C'est également le premier test de collaboration entre le consultant et le client.

8. LA DÉTERMINATION
DU CHAMP D'INVESTIGATION

L'expression *champ d'investigation* désigne l'ensemble des éléments sur lesquels portera la cueillette d'information (Lescarbeau et coll., 1990, p. 150). Pour déterminer ce champ d'investigation, le consultant et le client répondent aux questions suivantes :
–   Quels facteurs peuvent engendrer les symptômes identifiés?
–   Quelles dimensions faudrait-il examiner de plus près?
–   Dans quels domaines serait-il pertinent de regarder?
–   Quelles hypothèses faudrait-il vérifier au sujet de ces symptômes?

Les auteurs précités proposent un instrument pour aider le consultant à déterminer ce champ d'investigation (p. 152-153).

9. L'ÉTABLISSEMENT DU PLAN DE TRAVAIL
DÉTAILLÉ AVEC LE CLIENT

Le lecteur aura compris qu'il ne suffit pas d'avoir convenu avec le client qu'il faudra préparer des instruments de cueillette de données, effectuer la cueillette et le traitement de ces données, planifier et exécuter le retour d'information aux répondants pour que le consultant soit en mesure de procéder sur-le-champ; il reste encore plusieurs autres points à déterminer.

Ces autres points couvrent des précisions concernant la préparation immédiate des instruments, l'exécution de la cueillette, du traitement des données, du retour d'information et du choix des priorités d'action. À cette étape de la gestion du processus, le consultant a plutôt intérêt à faire de la prévention et à préciser à nouveau ou à faire préciser tout ce qui peut l'être relativement à ces points.

Compte tenu que ces activités sont interreliées, il est avantageux d'examiner assez tôt l'ensemble du processus, de s'entendre sur les nombreuses questions à résoudre et d'établir un échéancier précis tenant compte des disponibilités des participants à ces activités. L'instrument (...) *Planification du processus de circulation d'information* propose une liste de 26 questions à soulever au moment de faire un plan de travail pour les étapes de l'orientation (voir figure 3). Il arrive qu'on ne puisse pas trouver immédiatement des réponses à toutes ces questions. On se les pose néanmoins de façon à pouvoir se donner des mécanismes pour trouver des réponses dans les meilleurs délais. Le plan adopté devient le cadre de travail. Il fixe clairement les règles du jeu au sujet de la participation et des prises de décision qui conduiront au choix des priorités. Les personnes sollicitées pour fournir de l'information ont besoin de savoir, dès le point de départ, dans quelle mesure elles pourront influencer le processus décisionnel. (Lescarbeau et coll., 1990, p. 178)

Figure 3
La planification du processus de circulation d'information

Questions à examiner	Contenu des décisions prises	Décisions reportées	Ne s'applique pas
1. Auprès de qui (personnes ou catégories de personnes) l'information sera-t-elle recueillie?			
2. De façon générale, quels contenus devraient être abordés durant la cueillette?			
3. Certains contenus seraient-ils à exclure? Lesquels?			
4. Serait-il opportun d'utiliser certains instruments déjà préparés? Lesquels?			
5. Qui construira les instruments de cueillette?			
6. À qui seront soumis pour feed-back, les instruments de cueillette construits?			
7. Quelles méthodes de cueillette seront utilisées?			
8. Quelles seront les modalités de passation des instruments (poste, courrier interne, téléphone, face à face, en groupe)?			
9. Qui recueillera l'information?			
10. Quelle est la période de temps prévue pour faire la cueillette?			
11. Quelles seront les règles de l'anonymat?			

Figure 3 (suite)

La planification du processus de circulation d'information

Questions à examiner	Contenu des décisions prises	Décisions reportées	Ne s'applique pas
12. Qui se chargera des tâches de bureau (convocation, préparation du matériel, distribution des questionnaires, etc.)?			
13. Qui fera la compilation des données recueillies?			
14. Qui ordonnera les résultats?			
15. Qui fera l'interprétation des résultats?			
16. Qui fera le choix des données à remettre au système?			
17. Un rapport écrit sera-t-il préparé? Par qui?			
18. Combien de temps durera le traitement de l'information?			
19. Quand se fera la présentation préalable au client?			
20. À qui sera retournée l'information?			
21. Sous quelles(s) forme(s) sera-t-elle retournée (rapport écrit, rapport verbal, etc.)?			
22. Quand se fera le retour de l'information?			
23. Qui animera la rencontre?			
24. Qui informera les répondants des modalités du retour d'information?			

Figure 3 (suite)

La planification du processus de circulation d'information

Questions à examiner	Contenu des décisions prises	Décisions reportées	Ne s'applique pas
25. Les membres du système pourront-ils réagir aux résultats? Quel sera leur rôle dans les décisions à prendre?			
26. Qui prendra les décisions concernant le choix des priorités de changement?			
27. Quand les priorités devraient-elles être choisies?			
28. Quels seront les critères à utiliser pour le choix des priorités?			
29. À qui seront soumises ces décisions?			

Source: Lescarbeau et coll., 1990, p. 179-182.
(Reproduit avec l'autorisation de l'éditeur)

Le consultant inscrira le contenu des décisions qu'il a prises avec le client, décisions qui relèvent du champ de compétence exclusif du client ou du champ de compétence partagé entre le client et le consultant. Les décisions qui ont été reportées seront soigneusement identifiées afin que le consultant les repère facilement et revienne à la charge au moment opportun.

Quatre questions de cet instrument pourraient ne pas être soumises au client, advenant que le consultant considère qu'elles relèvent de son champ de compétence exclusif. Ces questions sont les suivantes:

– la question 4 concernant l'utilisation d'instruments déjà préparés;

– la question 6 qui précise à qui seront soumis les instruments de cueillette pour validation;

– la question 10 qui précise l'étendue de la période de cueillette;

– la question 18 qui porte sur la durée de la période de traitement de l'information.

Pour préciser les différents points couverts par cet instrument, le consultant dispose de trois approches.

1. Une première consiste à *préciser seul* le contenu de chacun des points et *soumettre* ensuite le tout *à l'approbation du client*.

2. Une deuxième approche consiste à *préciser seul* le contenu de chacun des points, et ce, d'une façon qui *amène le client à faire des choix*; à cet effet, le consultant présentera des différentes possibilités pour chacun de ces points et les soumettra au client dans le but de choisir avec lui ce qui est à la fois susceptible de convenir au milieu et de permettre d'atteindre efficacement les buts visés.

3. La troisième approche consiste à *compléter ces points conjointement avec le client* en respectant les champs de compétence réciproques. Le consultant et le client procéderont alors à un inventaire des différentes possibilités, ils les évalueront et choisiront celles qui sont les plus appropriées; le consultant fournit ainsi l'expertise méthodologique et le client utilise sa connaissance et son expérience du milieu.

Pour choisir une approche qui soit adaptée aux circonstances, le consultant doit considérer deux facteurs, soit son style personnel, et les attentes et la disponibilité du client.

A. LE STYLE PERSONNEL

Le consultant que son style personnel incite à conserver le contrôle du déroulement de l'intervention sera plus à l'aise avec la première approche. Par ailleurs, celui que son style amène à privilégier la prise en charge de l'intervention par le client et les membres du système-client sera plus à l'aise avec les deuxième et troisième approches.

B. LES ATTENTES ET LA DISPONIBILITÉ DU CLIENT OU DU MANDANT

Les attentes et la disponibilité du client ou du mandant doivent aussi être prises en considération. Le client qui confie un mandat à un consultant en espérant que ce dernier exécutera la commande et lui soumettra des pistes d'action sera plus satisfait avec la première approche. Par ailleurs, si le client désire conserver le contrôle de la démarche tout en n'y investissant que peu de temps, il préférera sans doute que le consultant lui présente différentes possibilités assorties de leurs avantages et inconvénients; ce client sera alors enclin à privilégier la deuxième approche. En revanche, celui qui veut apprendre à mener une enquête feed-back tout en restant partenaire de la gestion du processus préférera vraisemblablement la troisième approche.

Quels que soient les choix qu'il fait à cet égard, le consultant aurait avantage à entretenir des liens réguliers avec le client ou le mandant, et ce, pour maintenir son intérêt et son implication dans le déroulement de l'intervention et faciliter ainsi l'implantation des priorités d'action et des suites à donner à cette démarche.

Tel que déjà mentionné, l'instrument dont la présentation précède couvre cinq dimensions :

1. la préparation des instruments;

2. l'exécution de la cueillette;

3. le traitement des données;

4. la planification du retour d'information;

5. le choix des priorités d'action.

1. La préparation des instruments

Pour être en mesure de préparer les instruments, le consultant doit avoir les réponses aux quatre questions suivantes :

1. Auprès de qui l'information sera-t-elle recueillie?

2. Quels contenus seront abordés?

3. Au moyen de quel instrument cette information sera-t-elle recueillie?

4. À l'intérieur de quelle méthode cet instrument sera-t-il utilisé?

a) Les personnes auprès desquelles l'information sera recueillie

Tout d'abord, pour préciser quelles sont les personnes auprès desquelles l'information sera recueillie (question 1), il faut répondre à deux questions préalables :

– quelles sont les personnes ou les groupes de personnes qui sont concernées par la situation initiale?

– quelles sont les autres personnes ou catégories de personnes qui détiennent de l'information pertinente sur l'objet de l'enquête feed-back?

Les réponses à ces questions aideront à préciser combien de personnes sont susceptibles d'être contactées dans le cadre de la cueillette, où elles sont localisées et de qui elles relèvent. En considérant le bassin des répondants potentiels, le budget disponible et le temps dont dispose le consultant, on pourra préciser si toutes ces personnes seront sollicitées ou s'il n'y en aura qu'un certain nombre, choisies au hasard ou d'une autre façon.

b) Les contenus qui seront abordés

Le troisième point incite le client et le consultant à s'entendre de façon générale sur les contenus qui seront abordés lors de la cueillette des données (questions 2 et 3). À titre d'exemple, si l'objet de l'enquête feed-back vise à cerner les difficultés rencontrées dans un milieu particulier dans le cadre du travail en équipe, comme dans le cas de l'entreprise Alie, il est prudent de déterminer, dès le point de départ, si ce sont des données relatives aux méthodes de travail en vigueur, aux relations avec les collègues et avec les autres unités, aux relations avec les responsables qui seront recueillies. Il est sage, de même, de s'entendre sur les contenus qui seront exclus de la cueillette. Le consultant a intérêt à se rappeler qu'un feed-back est efficace dans la mesure où il est désiré et ne suscite pas d'effets secondaires indésirables.

c) L'instrument employé

Le quatrième point incite le client et le consultant à préciser au moyen de quel instrument seront recueillies ces données (questions 4 et 5). Utilisera-t-on un instrument déjà préparé? Qui élaborera ou adaptera l'instrument retenu?

Un instrument sert à recueillir ou à colliger des données. Un schéma d'entrevue, une grille d'observation, un questionnaire et un formulaire qui sera utilisé pour l'analyse des dossiers sont autant d'exemples d'instruments de cueillette.

Il peut être opportun d'utiliser un instrument de cueillette existant. D'une part, il comporte l'avantage d'avoir été validé lors de son utilisation préalable et, d'autre part, il permet l'économie des étapes de la préparation : préenquête, conception et validation de l'instrument.

Des répertoires et des banques de données spécialisés, de même que des ouvrages scientifiques, offrent divers instruments que le consultant peut employer intégralement ou adapter au contexte de l'intervention, après avoir obtenu les autorisations nécessaires de l'auteur, de l'éditeur ou de l'organisme pour le compte duquel cet instrument a d'abord été conçu. L'instrument *Feed-back au consultant* (Lescarbeau et coll., 1990, p. 269) est un exemple d'un instrument de cueillette entrant dans cette catégorie.

Si la décision prise consiste à concevoir un instrument qui s'adapte mieux aux besoins de la situation, il faut préciser qui va l'élaborer; est-ce que ce sera le consultant seul, lui et le client, le consultant assisté d'un spécialiste du milieu ou d'un expert, les membres d'un comité *ad hoc* avec lesquels collabore le consultant? La décision à cet égard dépend des contenus qui doivent faire l'objet d'une investigation, de même que de l'expertise et des compétences requises. L'élaboration d'un instrument est une tâche spécialisée que le consultant aurait intérêt à suivre de près. Avant d'appliquer cet instrument, le consultant avisé consulte un expert en méthodologie ou un expert en enquête feed-back afin que ce dernier examine les points suivants :

– les techniques utilisées pour la cueillette des données;

– la formulation des questions afin de prévenir les biais indésirables;

– le libellé des questions, afin de vérifier qu'une question ne contient pas à la fois la question et la réponse souhaitée;

– l'apparence générale de l'instrument, la rigueur et la justesse des formulations employées.

De là ressort la nécessité de considérer la question 6 lorsque le consultant projette de préparer un instrument de cueillette particulier.

d) Les méthodes de cueillette

Le consultant dispose de plusieurs méthodes de cueillette (question 7), dont les suivantes :

– l'entrevue individuelle de face à face,

– l'entrevue téléphonique,

– l'entrevue de groupe,

– l'observation,

– l'analyse de dossiers,

– le questionnaire.

Il est habituellement avantageux d'avoir recours à plus d'une méthode de cueillette; ce procédé ajoute de la valeur à l'information obtenue à cause de la diversité des moyens utilisés. Par exemple, un questionnaire peut compléter une entrevue de groupe, une analyse de dossiers peut enrichir des observations. Chacune de ces méthodes comporte ses avantages et ses inconvénients; les uns et les autres seront examinés plus loin. Dans le cas du centre hospitalier Les Jardins, la consultante et l'infirmière-chef avaient convenu de procéder avec un questionnaire et des entrevues de groupe. Chacune de ces méthodes a aussi ses exigences particulières, et le consultant devra en tenir compte lors de la préparation des instruments.

2. L'exécution de la cueillette

Pour préparer la cueillette des données, le consultant et le client doivent répondre aux questions suivantes:

- Quelles seront les modalités de passation des instruments?
- Qui recueillera l'information?
- Quelle sera la période de temps prévue pour effectuer la cueillette?
- Quelles règles d'anonymat seront appliquées?
- Qui se chargera des tâches techniques?

a) *Les modalités de passation*

Lorsque le consultant et le client optent pour l'emploi d'un questionnaire, plusieurs modalités s'offrent à eux. L'instrument peut être acheminé par la poste ou par courrier interne. Il peut aussi être utilisé dans le cadre d'un entretien de face à face ou d'une entrevue téléphonique avec un répondant, ou encore, administré dans le contexte d'une entrevue de groupe ou d'une observation. Le consultant a intérêt à réfléchir aux modalités de passation qui vont influencer la structure de son instrument (question 8).

b) *Quelle personne recueillera l'information*

Le point suivant (question 9) concerne la personne qui va recueillir ces données. Habituellement, elles sont recueillies par le consultant lui-même ou par une personne du milieu. Lorsque cette dernière possibilité est retenue, pour des raisons d'économie ou pour favoriser le développement des compétences de cette personne, le consultant doit veiller à ce que cette dernière soit adéquatement formée. Toutefois, avant de souscrire à cette possibilité, il s'assurera que cette ou ces personnes ne seront pas placées en situation de conflit d'intérêts ou encore que leur implication dans la cueillette des données n'empêchera pas les répondants de fournir l'information nécessaire à l'évolution de la situation initiale. Il vérifiera en outre que cette décision ne contrevient pas à ce qui sera ultérieurement décidé quant à l'anonymat des répondants.

c) *La période de cueillette*

La période de cueillette est un autre aspect qui, dans plusieurs cas, devra faire l'objet d'une concertation attentive (question 10). Le cas de l'AERR illustre bien comment certaines périodes de la vie d'une organisation peuvent se prêter plus ou moins bien à une cueillette de données. Au cours de la saison estivale, les artisans et les entrepreneurs sont tellement occupés qu'ils ont peu de loisir pour se soumettre à une consultation. Dans les milieux bancaires, de même, il est assez difficile de consulter les préposés au service à la clientèle durant certaines plages de l'horaire de travail. Au centre hospitalier Les Jardins, le personnel ne pouvait être réuni en avant-midi, cette période de travail étant trop intense. Un principe à respecter est celui d'éviter, dans la mesure du possible, de recueillir ou de remettre l'information durant des périodes de travail intense, des heures de pointe, un conflit de travail ou durant une période de négociation ardue.

Outre le choix du moment, il faut aussi considérer la période sur laquelle s'échelonnera la cueillette. Dans certains cas, il vaut mieux comprimer cette période, afin d'éviter que les acteurs échangent sur le contenu et qu'il se produise progressivement un effet de halo dans la cueillette des données. Dans d'autres cas, les contraintes viendront d'une échéance particulière. Ce fut le cas pour l'AERR où le consultant devait composer avec la date des tournées régionales, celle de la réunion du Conseil d'administration et celle de la tenue de l'Assemblée générale qui avaient déjà été fixées. Dans plusieurs cas, la période de cueillette peut s'étendre sans problème. Toutefois le consultant sera attentif à la démobilisation que peut entraîner un prolongement indu de cette étape.

En règle générale, la période consacrée aux entrevues et celle réservée au retour d'information ne doivent pas être trop distantes l'une de l'autre; autrement, la motivation des répondants s'estompe ou encore des changements sont instaurés avant que toute l'information requise soit disponible. L'échéancier doit évidemment prendre en considération la méthode de cueillette qui a été retenue, les déplacements qui seront occasionnés et le temps requis pour faire la compilation et l'analyse des données.

d) Les règles d'anonymat des répondants

La question de la protection de l'anonymat des répondants doit être résolue avant que soit entreprise la cueillette des données (question 11). Parfois, il est nécessaire de protéger l'identité des répondants ou de garantir le respect de leur anonymat pour faciliter l'obtention d'information valide et pertinente; autrement, par crainte de représailles, les répondants peuvent être enclins à sélectionner l'information qu'ils vont fournir. En revanche, dans d'autres cas l'anonymat des répondants ne peut être garanti. C'est notamment le cas lorsque l'enquête feed-back est appliquée dans une petite unité où l'on peut facilement relier certains propos à certaines personnes. Par ailleurs, certaines autres situations requièrent l'identification des répondants, surtout lorsque l'objectif consiste à préciser les diverses positions qui prévalent avant de prendre une décision sur un point particulier ou à clarifier une situation. Dans les cas où l'anonymat ne peut être garanti, le consultant aura intérêt à en informer les répondants. Lorsqu'il recueille l'information au moyen d'entrevues, il prendra alors la précaution, à la fin de l'entrevue, de convenir explicitement avec chaque répondant du contenu qui sera transmis lors du retour d'information.

e) Les tâches techniques

Ces tâches sont l'obtention des coordonnées des éventuels répondants, la convocation des répondants, la préparation du matériel, la distribution des questionnaires ou la prise de rendez-vous, la réception des questionnaires, l'acheminement des lettres de rappel. Le consultant a intérêt à s'entendre avec son client au sujet de ces tâches importantes; elles doivent être adéquatement assumées. Le consultant doit également convenir de la procédure à suivre, afin d'éviter les ambiguïtés qui sont parfois source de tensions inutiles, tant pour lui que pour la personne qui sera assignée à ces tâches.

Le temps venu, il s'efforcera de fournir avec courtoisie à cette personne des instructions claires et complètes. Les informations à communiquer aux éventuels répondants seront consignées par écrit dans un langage accessible. Les échéances seront fixées en considérant les autres responsabilités qui incombent à cette personne.

3. Le traitement des données

La préparation du traitement des données implique que le consultant et le client se sont entendus sur les points suivants :
- Qui fera la compilation des données?
- Qui ordonnera les résultats?
- Qui fera l'interprétation des résultats?
- Combien de temps durera le traitement des informations?
- Un rapport écrit sera-t-il préparé?

a) La compilation des données

Les données éparses, non assemblées, permettent difficilement de mettre en évidence les différents éléments qui influencent la situation initiale. Il faut donc les structurer pour en faciliter l'analyse, l'interprétation et la diffusion.

C'est habituellement au consultant, et ce, avec ou sans le client ou les personnes qui ont collaboré à la cueillette des données, qu'il revient de les structurer. Le consultant se doit de faire clarifier qui fera la compilation de ces données (question 13).

b) La mise en ordre des résultats

Ordonner signifie mettre les données dans un certain ordre, les classer, distinguer ce qui est important de ce qui est secondaire. Cette opération préparatoire à l'interprétation est généralement réalisée par les personnes à qui incombera la responsabilité de l'analyse et de l'interprétation.

C'est une occasion de préciser à qui sera confiée la tâche d'établir l'ordre d'importance des différents regroupements qui ont été dégagés lors de la compilation des données (question 14).

c) L'interprétation des résultats

Interpréter signifie expliquer, donner une signification aux données qui ont été structurées et ordonnées.

Plusieurs options s'offrent au consultant et au client, dont celle de confier cette tâche aux répondants. La responsabilité de ce travail délicat doit être examinée avec soin; c'est l'objet de la question 15.

d) La durée du traitement

Selon la nature des instruments employés, les moyens utilisés pour le traitement des résultats et la complexité de l'analyse, la durée du traitement sera plus ou moins longue.

Le consultant doit prévoir avec assez d'exactitude le temps nécessaire à la durée du traitement, et ce, afin d'être en mesure de préciser la date de convocation des répondants à la séance de retour d'information.

e) La nécessité d'un rapport écrit

Indépendamment des formes que prendra le retour d'information, le client peut souhaiter disposer d'un rapport écrit qui fera état de la démarche entreprise, des résultats obtenus, des pistes d'action proposées, des priorités retenues et des suites à donner.

Ce rapport peut être transmis à une personne influente pour obtenir son appui ou il peut servir de mémoire pour situer la démarche actuelle dans l'évolution de la situation ou du cheminement du groupe concerné.

La rédaction d'un tel rapport est ordinairement une opération qui requiert du temps et de l'énergie; le consultant et le client devront prévoir avec soin l'ampleur de leur implication, et ce facteur devra être pris en considération avant de déterminer la date de tombée de certaines activités.

Le consultant a intérêt à clarifier cette question, ne serait-ce que pour spécifier ses engagements à l'endroit du client et éviter toute ambiguïté sur cette question.

4. L'ébauche du retour d'information

L'ébauche du retour d'information se réalise au moment où le consultant prépare son plan de travail avec le client. C'est un moyen de s'assurer que ce retour sera réellement effectué. Certains clients sont portés à reléguer cette étape au second plan lorsqu'ils sont en possession des résultats de la consultation.

Pour préparer ce retour d'information, le consultant et le client déterminent les points suivants:

– la personne qui fera le choix des données à présenter aux répondants;

– la forme selon laquelle l'information leur sera retournée;

– les personnes à qui l'information sera retournée;

– le moment où aura lieu ce retour d'information;

– la personne qui animera la rencontre;

– la personne qui informera les répondants des modalités de ce retour d'information.

a) *La personne qui fera le choix des données*
à présenter aux répondants

Le premier point laisse entendre qu'il faut choisir les données à présenter dans le cadre d'un retour d'information. Toute l'information recueillie, compilée et analysée ne peut normalement être communiquée intégralement sans qu'il y ait danger de submerger d'information les répondants et de les rendre apathiques. Pour que les répondants restent intéressés et actifs, généralement, la présentation des données ne devrait pas excéder le tiers du temps alloué au retour d'information.

Par conséquent, *les données significatives doivent être privilégiées*, ces données étant celles qui contribuent à cerner la situation initiale ou qui établissent les prémisses qui vont ensuite fonder une interprétation ou entraîner une conclusion. Les données seront présentées avec clarté et concision, dans le respect des règles d'anonymat qui ont été convenues et en reflétant adéquatement les diverses tendances du milieu. *Les points secondaires*, c'est-à-dire ceux qui n'apportent pas de contribution significative aux objectifs poursuivis, *seront résumés succinctement*. Les informations compilées seront par ailleurs disponibles pour le cas où les répondants souhaiteraient obtenir des précisions additionnelles. Qui donc choisira ces données? Le consultant lui-même, le consultant et le client, ou encore les personnes ayant contribué à l'analyse? Ce point devra avoir fait l'objet d'une entente explicite.

b) La forme selon laquelle l'information sera retournée

Bien que la présentation orale des données à tous les répondants en même temps soit la modalité de retour d'information la plus répandue de nos jours, elle n'est pas la seule à être utilisée par les consultants. En effet, il existe d'autres façons de transmettre l'information, soit le retour en cascade, qui sera présenté plus loin, le retour au moyen d'une synthèse écrite transmise à chaque répondant et accompagné d'un questionnaire destiné à recueillir leurs commentaires ou complété par une entrevue individuelle ou de groupe, et le retour en circuit fermé complété par diverses méthodes destinées à recueillir les commentaires des répondants.

En fait, pour respecter les caractéristiques d'un milieu, plusieurs modalités de retour d'information peuvent être appliquées. L'important est de permettre aux répondants de prendre connaissance des données qui ont été retenues, de réagir à ces données, de les compléter ou de les enrichir, de les valider, de s'influencer pour contribuer à l'analyse des données et d'éclairer le gestionnaire dans le choix des priorités d'action qui sont nécessaires pour atteindre adéquatement les objectifs de la démarche.

c) Les personnes à qui l'information sera retournée

Les principes qui sous-tendent l'enquête feed-back favorisent un retour d'information à tous les répondants. Lorsqu'il est impossible de réunir tous ces répondants en un même lieu ou au même moment, ou encore qu'il n'est pas pertinent de le faire parce que les informations concernent des sous-groupes qui n'ont pas de véritables liens entre eux, ces données sont habituellement présentées aux répondants regroupés par équipe ou quart de travail ou selon d'autres critères significatifs. L'information peut également, dans des cas exceptionnels, être présentée à quelques membres du groupe, reconnus pour avoir une pensée articulée et être assez représentatifs des diverses tendances que l'on retrouve dans ce groupe. L'intervenant qui a consulté des personnes extérieures à la situation initiale, comme des experts par exemple, doit examiner avec soin s'il est approprié d'inviter ces personnes à la séance de retour d'information. Ordinairement, elles seront invitées lorsque leur présence est indispensable à l'atteinte des objectifs poursuivis.

d) Le moment où aura lieu le retour d'information

Ce point consiste à déterminer la date de la séance de retour d'information. Deux facteurs sont à considérer. Tout d'abord, il faut prévoir un temps suffisant pour que la compilation et l'analyse des données soient effectuées adéquatement; par mesure de sécurité, le consultant se gardera habituellement une période qui équivaut au temps prévu pour la cueillette des données. De plus, cette date se doit d'être la plus rapprochée possible de la période de cueillette, en évitant, par ailleurs, un moment où les répondants ne sont pas disponibles, soit à cause d'un surcroît de travail, soit à cause d'une période de vacances très répandue, par exemple la semaine de relâche en milieu scolaire. Lorsque le retour d'information est trop éloigné de la cueillette, l'intérêt des répondants a pu s'estomper et il faut alors d'autres activités pour le renouveler. En outre, dans bien des cas, la cueillette d'information est l'occasion d'un cheminement des personnes concernées par la situation initiale : prise de conscience de l'importance du sujet, articulation des positions individuelles et partage des points de vue. Il est généralement préférable de ne pas retarder le traitement formel de cette situation, comme l'a permis de l'illustrer le cas du centre hospitalier Les Jardins.

Le retour d'information peut être réparti sur deux ou trois séances, ce qui donne le temps aux participants d'intégrer les résultats, de réfléchir aux ajouts et aux interprétations qu'ils pourraient suggérer.

e) Le moment où aura lieu la présentation préalable au client

Dans les étapes de l'enquête feed-back, une présentation préalable est couramment prévue. Elle est destinée à aider le client à se préparer psychologiquement à la séance de retour d'information, et ce, afin que ses comportements soient appropriés et facilitent la démarche de changement. Cet aspect sera examiné en détail plus loin. Il est sage de convenir de la date de cette présentation préalable pour deux raisons. Tout d'abord pour que le client réserve une période convenable dans son agenda, ensuite pour qu'il sache qu'il pourra avoir accès à l'information avant la rencontre avec ses commettants et ainsi se préparer à cette rencontre.

f) La personne qui animera le retour d'information

L'animation de la séance de retour d'information est un autre point à préciser de concert avec le client. Il peut être avantageux que ce soit le consultant qui s'en charge. Il peut également partager cette tâche avec le client ou des personnes du milieu ayant contribué à la démarche, ce qui est susceptible de favoriser la prise en charge des suites de la cueillette par les membres du milieu. Si le client est assez dégagé face aux résultats de l'enquête, sa participation active au retour d'information est à considérer et à souhaiter. Il peut alors l'animer et se faire assister du consultant, comme on le verra plus loin dans la partie qui traite du retour en cascade. Il devra toutefois avoir été adéquatement préparé à assumer ce rôle.

g) La personne qui informera les répondants des modalités du retour d'information

Généralement, c'est au moment de la cueillette des données qu'on communique aux répondants quelles seront les modalités du retour d'information. À la fin de l'entrevue, l'intervieweur en profite habituellement pour inciter le répondant à y participer. Dans les cas de cueillette par questionnaire, la lettre de présentation qui l'accompagne précise clairement ce point.

On communique habituellement à chaque répondant la date prévue pour le retour d'information, la modalité qui a été retenue, et le lieu où se tiendra la rencontre. Il est parfois nécessaire de rappeler ces informations dans la semaine qui précède ce retour. Ce rappel prend alors la forme d'une lettre personnalisée, d'une note de service ou d'un rappel verbal. Pour démontrer l'importance de cette activité, il est indiqué que ce rappel soit effectué par le chef d'équipe, le chef de service ou par un cadre supérieur.

5. Le choix des priorités d'action

Afin de présenter un message clair aux répondants, le consultant examine avec le client les modalités du choix des priorités d'action. Les aspects suivants seront clarifiés :

- Les membres du système pourront-ils réagir aux résultats? Quel sera leur rôle dans les décisions à prendre?
- Qui prendra les décisions concernant le choix des priorités de changement?
- Quand les priorités de changement devraient-elles être choisies?
- Quels seront les critères à utiliser pour le choix des priorités?
- À qui seront soumises ces décisions?

a) *Quel sera le rôle des répondants dans le choix des priorités?*

Habituellement, le choix des priorités de changement relève du gestionnaire puisque c'est lui qui doit rendre des comptes à ses supérieurs sur sa gestion de l'équipe, du service ou de l'organisation. Il arrive fréquemment cependant que ce gestionnaire souhaite associer les répondants à ce choix des priorités. Si tel n'est pas le cas, les répondants peuvent néanmoins lui suggérer des pistes d'action en spécifiant les avantages qu'il y aurait à opter pour telle ou telle action. Les pistes d'action et les priorités de changement peuvent toucher différentes dimensions du système-client. Elles peuvent concerner des individus, des équipes ou encore l'ensemble de l'organisation. Ces pistes et priorités peuvent être orientées vers la consolidation ou le changement des orientations actuelles, des politiques, de la structure, des rôles et responsabilités. Elles peuvent viser l'amélioration des compétences des membres, des méthodes de travail ou des instruments utilisés. Quelle que soit la décision qui sera prise quant au choix des priorités d'action, il faut éviter les ambiguïtés qui ne peuvent qu'engendrer de l'insatisfaction et des frustrations.

Par exemple, dans le cas de l'entreprise Alie, le projet d'intervention qui a été présenté aux différents acteurs du milieu prévoyait clairement les points suivants :

- les résultats seraient présentés aux membres de chaque comité, qui procéderaient à l'identification des correctifs à apporter au fonctionnement du comité et à la planification des suites à donner;
- les membres de chaque comité identifieraient ce qui serait ensuite communiqué aux membres du comité Gestion de l'usine par le coordonnateur de l'équipe;
- les membres du comité Gestion de l'usine auraient ensuite à identifier des suites à donner au niveau de l'entreprise.

Ces précisions ont permis de clarifier le pouvoir des participants dans cette démarche et de spécifier dès le départ comment les champs de compétence du consultant, des gestionnaires et des membres des différentes équipes étaient perçus.

b) Quand les priorités seront-elles choisies?

Les priorités de changement seront-elles choisies au terme de la séance de retour d'information? Le seront-elles dans les jours ou les semaines suivants? Le consultant doit faire éclaicir ces questions.

c) Quels seront les critères à utiliser pour le choix
des priorités d'action?

Comme premier critère, il y a évidemment la modification de la situation initiale dans le sens désiré. Les priorités d'action doivent donc permettre d'atteindre les objectifs poursuivis par la démarche. Mais d'autres critères vont sûrement influencer les choix du client. Ces critères seront d'ordre économique, quantitatif ou politique. Il pourra préférer ce qui causera le moins de remous, ce qui sera le plus en harmonie avec certaines valeurs du milieu, ce qui respectera certaines contraintes ou encore remplira certaines conditions. Ces critères pourraient aussi être influencés par un désir d'améliorer la qualité des services ou des produits, la qualité de la vie des travailleurs ou d'autres considérations que le gestionnaire privilégie.

Quoi qu'il en soit, la transparence du client en regard des critères de choix des priorités de changement évitera elle aussi bien des frustrations.

CONCLUSION

Le consultant a tout d'abord reçu une demande d'aide qu'il a clarifiée. Après avoir jugé que l'intervention était une réponse pertinente à cette demande et déterminé qu'il avait de l'intérêt et des compétences pour mener cette intervention, il a préparé un projet qui a fait l'objet d'une entente entre lui et le client. Avec le client, il a ensuite informé les membres du système-client et il a préparé, avec le concours du client, le déroulement de l'enquête feed-back.

Dans une approche adaptée à son style personnel, aux attentes et aux disponibilités du client, le consultant a précisé le plan d'action qui allait lui permettre de procéder à la cueillette et à l'analyse des données, au retour d'information et à l'identification des pistes et des priorités d'action.

Chapitre 5

Mise au point et application
des méthodes de cueillette

Le consultant a le choix entre six méthodes de cueillette d'information. Chacune de ces méthodes requiert habituellement l'utilisation d'au moins un instrument de cueillette qui devra être préparé avec soin. Ce chapitre examine ce que le consultant doit faire pour mettre au point et appliquer la méthode et l'instrument de cueillette qu'il a prévu employer. Ce chapitre se compose de trois parties :

– Les méthodes de cueillette.

– Les étapes requises pour la préparation des instruments de cueillette.

– Les étapes nécessaires à la cueillette de l'information.

1. LES MÉTHODES DE CUEILLETTE

Tel que précisé dans le chapitre précédent, le consultant dispose de six méthodes de cueillette :

1. l'entrevue individuelle de face à face,

2. l'entrevue téléphonique,

3. l'entrevue de groupe,

4. l'observation,

5. l'analyse de dossiers,

6. le questionnaire.

L'entrevue individuelle de face à face

Cette méthode met en présence un intervieweur et un interviewé. Le premier interroge le second ou lui soumet des questions en appliquant le scénario qui a été prévu lors de la préparation du schéma d'entrevue. Les questions qu'il utilise sont de type ouvert ou fermé; une entrevue, en général, contient des questions de chaque type. Voici deux exemples d'une question fermée : « Dans quel service travaillez-vous ? » « Répondez par oui ou non à la question qui suit : trouvez-vous que vous êtes considéré dans cette entreprise ? »

La question fermée offre donc au répondant un choix restreint de réponses qui habituellement ne peuvent pas être nuancées. Quant à la question ouverte, elle permet au répondant d'élaborer ou de nuancer sa réponse; il n'est pas tenu de se restreindre. Voici un exemple d'une question ouverte : « Quels sont les défis les plus intéressants que vous rencontrez dans votre travail ? »

Les avantages

L'entrevue individuelle de face à face est une méthode de cueillette flexible : en cours d'entrevue, l'intervieweur peut ajuster ses questions et, si nécessaire, les illustrer d'exemples pour faciliter la compréhension du répondant. En outre, la flexibilité de l'entrevue permet de cerner les préoccupations réelles de l'interviewé et d'explorer, le cas échéant, des pistes imprévues. De plus, à l'aide de cette méthode, le consultant peut couvrir un grand nombre de thèmes sans nécessiter trop d'efforts de la part de l'interviewé. La situation de face à face permet également à l'intervieweur d'observer les messages non verbaux du répondant et, ce faisant, d'adopter des comportements qui suscitent habituellement sa confiance. Enfin, le répondant est à même de constater ce que le consultant retient de l'information qu'il lui fournit. Tous ces facteurs contribuent généralement à faire en sorte que le répondant se sent considéré et respecté, deux facteurs qui permettent d'obtenir de l'information de qualité. Finalement, cette méthode permet au consultant d'amorcer sa relation avec le répondant, ce qui devrait faciliter la prise de contact lors du retour d'information.

Les inconvénients

Tout d'abord, l'interview est onéreuse car elle nécessite beaucoup de temps à l'intervieweur; ce dernier doit prendre des rendez-vous, se déplacer, conduire chaque entrevue qui dure ordinairement entre 45 minutes et une heure. Ensuite, dans plusieurs situations, l'intervieweur devra disposer d'un local isolé et bien insonorisé pour protéger l'anonymat du répondant et la confidentialité de ses propos. Enfin, l'intervieweur peut biaiser les réponses ou encore intimider le répondant qui cherchera alors à lui fournir l'information que, croit-il, l'intervieweur désire obtenir.

L'entrevue téléphonique

Cette méthode est structurée en fonction du rapport particulier qui réunit l'intervieweur et l'interviewé : le contact téléphonique. Dans ce cas également, le premier interroge directement le répondant en fonction du scénario qui a été déterminé lors de la préparation du questionnaire d'entrevue.

Les avantages

Avec cette méthode, on obtient habituellement un taux de réponse élevé qui peut atteindre facilement les 80 %. Cette méthode donne généralement accès aux principaux motifs de refus des personnes sollicitées, ce qui peut s'avérer une information pertinente à traiter lors de la compilation. En ce qui a trait à la structure des questions, l'entrevue téléphonique permet d'employer des questions ouvertes et des questions de relance pour inviter au besoin le répondant à compléter sa pensée ou à la préciser. De plus, une structure de questionnaire complexe peut être employée plus facilement puisque c'est l'intervieweur qui aura à l'appliquer. En outre, avec l'entrevue téléphonique, le nombre de questions sans réponse est habituellement assez réduit car l'intervieweur peut utiliser des reformulations équivalentes plus accessibles aux répondants. Du côté de l'intervieweur, ses déplacements sont réduits au minimum ; cette méthode permet ainsi un grand nombre d'entrevues dans une période de temps relativement restreinte.

Les inconvénients

En ce qui à trait aux inconvénients, on doit souligner le fait que le temps d'entrevue est limité et que le nombre de questions, à cause de cela, l'est également. Une entrevue téléphonique dure rarement plus de 20 minutes. En outre, compte tenu du fait que le répondant doit mémoriser la question avant d'y répondre, les énoncés doivent être simples et courts et ne pas contenir plus que quatre ou cinq catégories de réponse, étant entendu qu'il est difficile de faire ordonner plus de quatre énoncés. Un autre inconvénient est relié au fait que l'intervieweur et le répondant sont à distance ; la présence du premier ne peut donc être utilisée pour sécuriser le second ni pour susciter sa confiance. En outre, le répondant ne peut contrôler qui est l'intervieweur et, de ce fait, peut être enclin à retenir de l'information. L'intervieweur quant à lui n'a pas accès aux messages non verbaux du répondant et l'entrevue téléphonique comporte un défi élevé pour lui, car il doit écrire la réponse tout en se préparant à formuler la question suivante, manipuler le questionnaire et soutenir l'intérêt du répondant. Par conséquent, l'opinion du répondant peut de ce fait être déformée puisque l'intervieweur devra généralement noter les réponses dans un style télégraphique ou employer des catégories de réponse définies d'avance et qui lui font perdre certaines nuances.

L'entrevue de groupe

Dans l'entrevue de groupe, l'intervieweur est mis en présence de plusieurs répondants en même temps. Selon l'habileté de l'intervieweur, le groupe pourra comporter entre 3 et 12 personnes. Dans des cas exceptionnels, en appliquant des techniques d'animation de groupe appropriées, le consultant pourra réunir jusqu'à 40 personnes pour une entrevue de groupe.

Dans le cadre de cette méthode, l'intervieweur interroge les répondants principalement au moyen de questions de type ouvert.

Les avantages

En ce qui à trait aux avantages, on peut affirmer que cette méthode est économique en temps : les déplacements sont réduits et un groupe d'une dizaine de personnes peut être interviewé en trois heures. De plus, cette méthode est flexible : l'intervieweur peut ajuster, si nécessaire, sa stratégie de cueillette. Elle favorise également l'exploration de pistes diversifiées et permet à l'intervieweur d'approfondir une piste, de recueillir des exemples pour étayer les propos, de faire clarifier des aspects contradictoires ou ambigus. De plus, l'entrevue de groupe favorise les échanges entre les répondants sur le sujet à l'étude, et permet de faire circuler l'information dans le système, d'apporter des clarifications sur certains points et d'ajuster certaines perceptions erronées. Enfin, elle instaure, et même établit, la relation entre le consultant et les répondants, et, de ce fait, favorise leur participation à la séance de retour d'information.

Les inconvénients

Quatre inconvénients peuvent être mentionnés quant à l'entrevue de groupe. Un premier inconvénient vient de ce qu'un certain nombre de personnes doivent être libérées simultanément durant plusieurs heures; ainsi, les coûts de remplacement peuvent grever le budget disponible. Un second inconvénient découle du fait que l'entrevue de groupe ne facilite pas l'expression d'opinions inhabituelles dans un milieu ni l'exploration de certaines pistes exprimées par des personnes marginales. De plus, et il s'agit là d'un troisième inconvénient, les opinions recueillies peuvent être biaisées pour diverses raisons : quelques répondants n'ont pas exprimé une opinion allant à l'encontre de celles qui ont été émises par la majorité des participants, d'autres ont monopolisé les échanges qui se sont polarisés autour de certains aspects. Enfin un quatrième inconvénient vient de ce que l'analyse du contenu recueilli lors des entrevues de groupe posera deux problèmes, soit celui de la pondération des opinions, qui pourra s'avérer difficile à réaliser, et celui du partage des idées importantes et des idées secondaires.

L'observation

L'observation se déroule sur le vif et permet de recueillir des données qui s'appuient sur des faits et des comportements constatés par le consultant lui-même. Par exemple, il observe les interactions entre les membres d'un comité pour constater, entre autres choses, comment les décisions s'y prennent. Il peut aussi observer les interactions entre un gestionnaire et ses subalternes.

Les avantages

L'observation est également une méthode flexible : elle peut être adaptée si l'observateur constate des événements particuliers qui s'avèrent pertinents pour l'atteinte des objectifs poursuivis et qui ne faisaient pas l'objet de l'investigation poursuivie. Enfin, l'observation permet d'avoir accès à des données qui autrement ne seraient pas disponibles, soit parce qu'elles échappent à la connaissance des répondants ou que ces derniers les trouvent banales.

Les inconvénients

Les inconvénients de l'observation sont au nombre de sept :

1. Cette méthode ne peut être employée pour recueillir des opinions sur un sujet donné.

2. Comme l'information recueillie est le fruit de l'observation, des inférences et des interprétations de l'observateur, cette information peut être biaisée si les observations ne sont pas rapportées intégralement.

3. La quantité d'information qui peut être enregistrée par un observateur expérimenté rend parfois difficile le partage entre l'essentiel, l'utile et l'accessoire.

4. Il est parfois difficile pour l'observateur de faire la part entre ce que les répondants ont la capacité de recevoir comme feed-back et ce dont il vaut mieux différer la présentation.

5. L'observation nécessite l'emploi d'instruments qui ne sont pas faciles à mettre au point, car en plus d'être efficaces, ils doivent permettre de recueillir aisément l'information appropriée. Ceci oblige à traduire le champ d'investigation sous forme de comportements observables.

6. La méthode de l'observation est assez coûteuse en temps; il est rare que le consultant puisse se limiter à une seule séance d'observation. Généralement, le consultant devra procéder à trois ou à quatre séances.

7. Pour que l'information recueillie soit valable, les participants doivent s'apprivoiser à l'observateur, voire l'oublier, ce qui leur permettra d'agir de façon usuelle et spontanée. Cela n'est pas toujours acquis.

L'analyse documentaire

Cette méthode consiste à examiner les documents écrits ou informatisés pour en extraire l'information nécessaire à l'évolution de la situation initiale. Ces documents sont, à titre d'exemples, des dossiers personnels, des dossiers de clients, des comptes rendus, des procès-verbaux, des documents comptables, des réquisitions, de la correspondance, des documents de travail, des planifications de projets ou de programmes.

Les avantages

L'intérêt de cette méthode de l'analyse documentaire vient des quatre aspects suivants:

1. Dans les documents, les données y ont été accumulées indépendamment de l'intervention et, de ce fait, elles ne présentent pas de biais.

2. L'analyse documentaire est assez flexible; elle peut être adaptée si l'analyste repère de l'information pertinente qui ne faisait pas l'objet des recherches entreprises.

3. Cette méthode permet d'avoir accès à des données précises qui sont quantifiables.

4. L'analyse documentaire ne nécessite pas la mobilisation des membres du milieu et, généralement, les déplacements de l'analyste sont limités.

Les inconvénients

Parmi les inconvénients de cette méthode de l'analyse documentaire, il faut souligner les quatre suivants :

1. Il arrive que les documents ne contiennent pas l'information requise et, de ce fait, l'emploi de cette méthode s'avère une perte de temps.

2. Les documents sont fastidieux à consulter et contiennent généralement beaucoup d'information inutile pour la démarche.

3. L'analyste doit assez souvent être secondé dans sa tâche par une personne familière avec les documents examinés, personne qui doit interpréter à son intention l'information qu'ils contiennent.

4. Des autorisations longues et difficiles à obtenir sont parfois nécessaires, surtout lorsqu'il s'agit de dossiers concernant les personnes : dossiers médicaux, dossiers scolaires, dossiers de psychologues, de travailleurs sociaux, de comptables ou dossiers criminels.

Le questionnaire

Les questions sont soumises au répondant sous une forme écrite et ses réponses empruntent le même canal de communication.

Les avantages

Les avantages du questionnaire présentent les cinq aspects suivants :

1. Les réponses peuvent être quantifiées et synthétisées.

2. Les réponses sont habituellement standardisées, ce qui en facilite la compilation et l'analyse.

3. Le questionnaire peut être employé avec un grand nombre de répondants.

4. Lorsqu'un grand nombre de personnes doit être consulté, le questionnaire est relativement peu coûteux d'application, comparativement aux autres méthodes.

5. Cette méthode laisse au répondant le choix du moment de répondre et respecte son anonymat.

Les inconvénients

Quant aux principaux inconvénients de cette méthode, ils sont reliés aux huit aspects suivants :

1. L'emploi de cette méthode pose assez souvent des problèmes d'échantillonnage.

2. On peut facilement passer à côté des enjeux véritables que comporte la situation initiale à cause de la structure même du questionnaire, qui peut mettre l'accent sur des aspects secondaires ou ne pas faciliter l'expression des nuances nécessaires.

3. Des biais peuvent être introduits par le consultant lors du traitement et de l'analyse des données.

4. Cette méthode nécessite fréquemment le recours à de l'équipement informatique pour le traitement des données.

5. Le taux de non-réponse peut être élevé.

6. Une consultation par la poste, quant il s'agit là du moyen employé, est assez longue : il faut prévoir le temps nécessaire à l'acheminement et au retour du questionnaire, de même que le temps pris par le répondant pour le compléter. Par ailleurs, dans plusieurs milieux, l'avènement du télécopieur ou du courrier informatique a sensiblement fait diminuer les temps de réponse.

7. Assez souvent, il faut ajouter un mécanisme de rappel pour inciter les répondants à retourner le questionnaire et améliorer ainsi le taux de réponse.

8. L'absence de contact entre le consultant et le répondant fait qu'aucune interaction ne peut être utilisée pour inciter ce dernier à répondre, ni pour le sécuriser, ni pour contrôler son identité.

Avantages de combiner plusieurs méthodes

Chacune de ces méthodes peut être combinée aux autres pour accroître l'efficacité de la cueillette d'information. Le consultant peut s'ingénier à développer des formats de cueillette diversifiés. Voici quelques exemples : un questionnaire peut être appliqué après ou avant une entrevue de groupe pour recueillir des données quantitatives et qualitatives; l'observation peut précéder des entrevues individuelles, qui vont alors servir à clarifier certains des aspects qui ont été observés; une analyse documentaire peut préparer des entrevues individuelles ou de groupe; un questionnaire peut être transmis aux répondants en leur indiquant qu'ils seront contactés par téléphone à tel moment, ce qui leur donnera le temps de se préparer à l'entrevue et permettra de recueillir de l'information pour mieux interpréter le sens de leurs réponses.

En combinant les méthodes de cueillette, le consultant ajoute de la valeur et de la crédibilité aux données qu'il obtient. Plus il y aura de sources différentes pour corroborer l'information, plus cette information prendra de la valeur aux yeux des décideurs.

2. LES ÉTAPES REQUISES POUR LA PRÉPARATION D'UN INSTRUMENT DE CUEILLETTE

Lorsque les objectifs de la cueillette ont été adéquatement précisés, la préparation d'un instrument approprié nécessite généralement plusieurs étapes, dont les suivantes :

1. la préenquête;
2. le choix des dimensions, des sous-dimensions et la formulation des questions;
3. la vérification de la qualité de l'instrument;
4. la préparation du plan d'analyse;
5. le prétest de l'instrument;
6. la conception de la lettre de présentation ou de l'introduction.

La préenquête

La préenquête sert à approfondir le sujet qui fait l'objet de l'investigation et à en saisir les différentes facettes. En effet, le consultant n'est pas toujours familier avec le sujet de l'investigation ou encore il souhaite connaître comment les gens du milieu le conçoivent, comment ils en parlent. Dans l'une des situations rapportées précédemmemt, soit le cas de l'AERR, le consultant a pris connaissance de la documentation de l'Association et il a interrogé les membres du conseil d'administration pour connaître ce qu'ils associaient à l'expression *besoins et satisfaction des membres*. Ce qu'il a recueilli lui a permis de choisir les dimensions et les sous-dimensions qui ont été utilisées pour structurer le questionnaire.

Lors de cette étape de la préenquête, le consultant parcourt d'abord la documentation relative au milieu que le client lui a remise. Puis, il se documente sur le thème à l'étude, si ce thème ne lui est pas familier. Au besoin, il consulte des personnes expérimentées ou des experts en la matière. Dans plusieurs cas, il prend soin d'interroger des informateurs privilégiés, choisis parmi le groupe de personnes à consulter, afin de constater comment ils abordent le sujet, quels termes ils utilisent pour en parler, et ce, afin de le décomposer dans ses différents éléments ou dimensions. Habituellement, ces informateurs sont sélectionnés parce qu'ils sont susceptibles d'avoir une opinion articulée sur le sujet. Pour les consulter, le consultant opte généralement pour une entrevue de type non directif; il utilise principalement des questions ouvertes afin de bien identifier la position de chacun.

Le but de tous ces efforts est de parvenir à bien cerner le sujet, de préciser ses principales composantes, d'identifier les principaux termes utilisés pour en parler et de saisir sous quels aspects on le décrit. Bref, il s'agit de trouver les dimensions et les sous-dimensions qui seront utilisées pour préparer l'instrument de cueillette et formuler des questions qui pourront être comprises par les répondants.

Le choix des dimensions, des sous-dimensions et la formulation des questions

Les dimensions

Une dimension est un élément descriptif. L'ensemble des dimensions permet habituellement de décomposer et de circonscrire adéquatement le sujet d'étude. Dans le cas de l'entreprise Alie, voici les dimensions qui ont été utilisées pour cerner les difficultés rencontrées dans le travail en comité : l'organisation du travail au sein de chaque comité, les relations entre les collègues, la prise de décision, la perception de la cible, la régulation de la vie d'équipe, l'exercice du *leadership*, la perception du mandat du comité, le rôle du «facilitateur», le lien entre celui-ci et le coordonnateur. Plusieurs de ces dimensions peuvent se retrouver dans les écrits qui traitent du travail en équipe. Par ailleurs, elles ne se retrouvent pas telles quelles dans les entrevues de préenquête conduites auprès des informateurs privilégiés; ce n'est habituellement pas en ces termes que ces derniers décrivent le travail d'équipe. Ces dimensions seront dégagées des entrevues effectuées auprès de ces personnes ou de l'étude attentive des textes qui ont été remis au consultant. Elles serviront à identifier ce qu'il semble pertinent d'examiner plus à fond. Les formulations recueillies lors de ces entrevues seront utilisées, le cas échéant, pour formuler des questions dans un langage familier aux éventuels répondants.

Lorsque la méthode de cueillette retenue est l'entrevue de face à face de type non directif ou l'entrevue de groupe, le consultant prépare habituellement ses questions d'entrevue directement à partir des dimensions et des sous-dimensions. Voici des exemples de questions formulées à partir des dimensions mentionnées ci-dessus : «Quelles sont les difficultés que vous rencontrez et qui seraient imputables à la façon dont le travail est organisé dans votre comité?» «Quelles sont les difficultés qui sont reliées à la façon selon laquelle vous prenez vos décisions?» «Durant vos rencontres, avez-vous l'impression que tous travaillent sur le même sujet?» «À votre avis, comment se répartit l'influence au sein de ce comité?» «Quelles sont les difficultés qui sont reliées à la façon dont les membres de ce comité entrent en relation ensemble?» «Avez-vous déjà examiné ensemble votre mode de fonctionnement pour identifier les points forts et les points faibles?»

Les sous-dimensions

Lorsque le consultant procède au moyen d'un questionnaire, d'entrevues téléphoniques, d'entrevues de face à face plus structurées ou d'observations, il ne peut procéder uniquement à l'aide des dimensions, qui sont habituellement trop générales. Il doit alors les circonscrire et les rendre manifestes, c'est-à-dire les décomposer en sous-dimensions et en signes observables qui vont lui permettre, lors de l'analyse, d'identifier les forces qui influencent la situation initiale sur laquelle il intervient.

Ces sous-dimensions sont habituellement retenues en trouvant, dans les données de la préenquête, des réponses à l'une ou l'autre des questions suivantes : «À quels signes peut-on reconnaître que cette dimension se concrétise, se traduit de façon appropriée ou non?» «À quels signes peut être reconnue la satisfaction ou l'insatisfaction des répondants quant à ce qui se passe par rapport à cette dimension?» Pour chacune des personnes interrogées, il doit évidemment y avoir un lien probable entre chaque sous-dimension et la dimension à l'étude. En reprenant l'exemple précité, les sous-dimensions reliées à la dimension interpersonnelle pourraient être, par exemple, la confiance entre les membres, le soutien entre eux, la capacité de comprendre des positions différentes des leurs, le respect des opinions d'autrui, la reconnaissance des compétences individuelles, le sentiment d'être accepté des autres. Le consultant traduit ensuite chacune de ces sous-dimensions en signes observables. Par exemple, la confiance entre les membres pourrait se rendre manifeste de la façon suivante : on ne met pas en doute la parole d'un collègue; on manifeste de l'appui à un collègue; on communique spontanément ses sentiments et ses émotions; on se manifeste des marques de respect; on accepte de considérer toute information qui est apportée par un autre membre du groupe; on accepte les idées différentes des siennes; le feed-back que l'on se donne est descriptif; en réunion, les membres ne poursuivent pas d'enjeux personnels qui ne sont pas dévoilés; le statut est en fonction de la compétence des membres sur le sujet débattu (Rossiter et Pearce, 1975, p. 142-143).

La formulation des questions

Disposant maintenant des dimensions qu'il a circonscrites et rendu manifestes, le consultant est en mesure de poursuivre le travail préparatoire à la conception de l'instrument de cueillette. Lorsque l'enquête feed-back touche plusieurs catégories de personnes, il doit préciser auprès de quelle catégorie de répondants il va examiner chaque dimension qu'il a déterminée. Ainsi, dans l'exemple précédent, s'il doit interroger des équipiers, des chefs d'équipe, des coordonnateurs et des «facilitateurs», il devra sans doute choisir, parmi les dimensions et les sous-dimensions, celles qui sont plus appropriées aux équipiers, aux chefs d'équipe, aux coordonnateurs et aux «facilitateurs». À titre d'aide-mémoire, il formulera des exemples d'énoncés qu'il reprendra lors de l'élaboration de l'instrument de cueillette. À cette étape du processus, le consultant peut utiliser avec profit l'instrument qui suit (figure 4).

Le consultant ayant complété ce travail, il ne lui reste plus qu'à transposer ses énoncés dans un format approprié à l'instrument qu'il projette d'utiliser. La transformation des énoncés en questions doit d'abord considérer l'âge et le niveau de scolarité des éventuels répondants. Une cueillette de données auprès d'enfants et de leurs parents requiert habituellement deux instruments différents; la consultation de personnes ayant complété des études collégiales, de même, nécessite une approche différente de celle utilisée auprès d'analphabètes.

Figure 4
Un aide-mémoire pour l'élaboration d'un instrument de cueillette

Dimension à investiguer :		
Sous-dimensions	Auprès de qui	Exemples d'énoncés

Par la suite, l'instrument est conçu en fonction de la méthode de cueillette dans laquelle il sera utilisé. Un instrument destiné à une entrevue individuelle diffère de celui qui est destiné à une entrevue téléphonique. Enfin, un questionnaire, un instrument d'observation ou un instrument d'analyse documentaire doivent être adaptés aux conditions d'application.

La vérification de la qualité de l'instrument

L'étape suivante consiste à vérifier la qualité des instruments de cueillette que le consultant vient de mettre au point. Avant de soumettre ses instruments à qui que ce soit, le consultant minutieux en contrôle la qualité :

— Il vérifie lui-même si les formulations employées sont simples, claires, précises, adaptées aux éventuels répondants. Cette vérification couvre autant la présentation de l'instrument, les consignes qu'il contient que les questions et les transitions qui facilitent le passage d'une partie à l'autre de l'instrument.

— En ce qui a trait aux questions, il s'assure qu'il ne retrouve qu'une seule question par énoncé et qu'aucune de ces questions ne laisse sous-entendre, de par sa formulation, qu'il y a une réponse préférable à une autre.

— Pour chaque question, il vérifie les temps de conjugaison des verbes pour qu'ils soient ajustés à la perspective temporelle qu'il désire évoquer.

— Il s'assure que les questions permettent de couvrir adéquatement chacune des dimensions et chacune des sous-dimensions retenues.

— Il voit à ce que l'instrument ne contienne pas de répétitions inutiles, qu'il soit attrayant, concis, et qu'il soit structuré pour faciliter la tâche du répondant, de l'intervieweur ou de l'observateur.

Le tableau 2, présenté en page suivante, reprend ces différents paramètres.

Lorsqu'il s'agit d'une entrevue structurée ou d'un questionnaire, l'instrument est également soumis à l'examen d'une personne compétente en méthodologie. Le consultant sollicite ses commentaires sur la structure de l'instrument, c'est-à-dire sur sa forme, sa présentation, la formulation et l'enchaînement des questions, le vocabulaire employé, la pertinence des transitions effectuées, les sous-dimensions et les techniques utilisées pour recueillir l'opinion des répondants.

Tableau 2
Paramètres pour le contrôle de qualité des instruments élaborés

1. La présentation de l'instrument est-elle claire et attrayante?
2. Les consignes sont-elles précises, claires et formulées dans un langage adapté aux éventuels utilisateurs?
3. Les transitions sont-elles adéquates et formulées dans un langage accessible aux éventuels utilisateurs?
4. N'y a-t-il qu'une seule question par énoncé?
5. Y a-t-il un énoncé qui laisse sous-entendre qu'une réponse serait préférable à une autre?
6. Les temps de conjugaison des verbes employés dans la formulation des questions sont-ils ajustés à la perspective temporelle qui est examinée?
7. Quant aux dimensions et aux sous-dimensions, chacune d'entre elles est-elle adéquatement couverte par l'instrument?
8. L'instrument contient-il des répétitions inutiles?
9. L'instrument est-il structuré pour faciliter la tâche de son utilisateur?
10. L'instrument peut-il être simplifié?
11. L'instrument est-il trop long?

Correctifs à apporter :

La préparation du plan d'analyse

L'étape suivante consiste à préparer le plan d'analyse des données qui seront recueillies à l'aide de l'instrument. Cette étape importante permet au consultant de s'assurer que cet instrument lui permettra de répondre aux principales questions nécessaires à l'atteinte des objectifs de l'enquête feed-back.

Tout d'abord, en faisant référence au champ d'investigation, le consultant précise les questions auxquelles il désire répondre afin de pouvoir cerner les différents facteurs qui influencent la situation initiale. Ensuite, il vérifie si l'instrument lui permettra de recueillir, soit directement, soit par recoupement ou par inférence, l'information nécessaire. Le cas échéant, il améliore son instrument en y ajoutant d'autres questions ou d'autres pistes d'observation. Enfin, il précise comment seront compilées les données recueillies.

Compiler des données consiste d'abord à obtenir, pour chaque question, la répartition des fréquences entre chaque catégorie de réponses. Dans le cas des questions ouvertes, compiler signifie synthétiser les données et regrouper les mentions similaires au sein de catégories appropriées, de manière à en faciliter l'analyse et l'interprétation subséquentes. De plus, la compilation inclut le calcul des statistiques descriptives : la moyenne, le mode, l'écart type. C'est donc pour se faciliter le travail à venir que le consultant prévoit déjà les principaux *outputs* qu'il devra obtenir au terme de la compilation, s'il veut être en mesure de procéder à une analyse adéquate des résultats. Ceci l'incite habituellement à clarifier comment seront codifiées les réponses, dans quel ordre les variables seront analysées et quelles variables seront croisées ou mises en relation.

Le prétest de l'instrument

L'étape suivante est le prétest de l'instrument. Le prétest est une mesure indispensable lorsque la cueillette se fait au moyen d'un questionnaire; il est nécessaire de le mettre à l'épreuve auprès de quelques répondants, ce qui permettra de répondre aux questions suivantes :

- Les questions et les consignes de l'instrument sont-elles comprises adéquatement?
- Permettent-elles de recueillir l'information désirée?
- Les réponses obtenues sont-elles suffisamment variées?
- La structure de l'instrument facilite-t-elle la tâche des répondants?
- Le temps requis pour recueillir les données est-il acceptable?
- Les répondants ont-ils des réactions défavorables face à la structure de l'instrument ou à la formulation des questions?
- La présentation matérielle de l'instrument facilite-t-elle la tâche des répondants?

Le consultant a intérêt à superviser cette étape avec soin, puisque c'est à ce moment-là qu'il peut identifier les mesures qu'il doit prendre pour rendre ses questions plus compréhensibles et faciliter la tâche des répondants, et, de ce fait, recueillir l'information pertinente qui lui permettra d'atteindre adéquatement les objectifs qu'il poursuit. Lors du prétest, il note fidèlement les questions que se posent les répondants, les embûches et les difficultés d'interprétation des questions qu'ils rencontrent, le temps qui est nécessaire pour répondre aux questions. Habituellement, ce prétest est conduit auprès de cinq ou sept personnes représentatives des répondants. Le prétest comporte également une compilation des réponses recueillies à ce stade. Une question est d'autant plus adéquate qu'elle permet d'obtenir une certaine variété de réponses. Si tel n'est pas le cas, le consultant se doit de revoir la formulation d'une telle question en vue de l'améliorer et de la rendre plus efficace ou la retrancher de l'instrument.

À la suite des commentaires reçus de part et d'autre, le consultant apportera les correctifs nécessaires à l'amélioration de l'instrument. Il le présentera ensuite au client, afin de vérifier si les décisions prises conjointement s'y reflètent bien et si le vocabulaire utilisé convient au milieu.

3. LES ÉTAPES NÉCESSAIRES À LA CUEILLETTE DE L'INFORMATION

C'est au terme du prétest que l'intervenant est en mesure de procéder à la cueillette des données. Cette cueillette se déroule en cinq étapes :

1. l'impression de l'instrument;
2. l'information du milieu;
3. la distribution de l'instrument;
4. les ententes sur les périodes de rencontre, d'entrevue, d'observation ou d'analyse de dossiers;
5. la cueillette proprement dite.

Lors des étapes préparatoires, le consultant et le client ont déterminé ensemble qui allait se charger des tâches techniques associées à la cueillette. Les tâches généralement requises sont les suivantes :

- l'obtention du matériel nécessaire,
- la réservation des locaux,
- la convocation des répondants,
- la dactylographie du matériel,
- la reprographie,
- la distribution des questionnaires.

Le consultant doit appliquer avec discernement les décisions qui ont déjà été prises à cet égard en fournissant des directives claires et en s'assurant que les activités prévues se déroulent adéquatement. C'est à lui que revient la tâche de coordonner les différentes étapes de la cueillette.

L'impression de l'instrument

Avant d'autoriser l'impression de l'instrument, le consultant vérifie la version finale qui a été produite. Il s'assure des divers points suivants :

- la présentation est attrayante;
- les formulations sont conformes à ce qu'il a retenu;
- il y a assez d'espace pour noter ou inscrire les réponses;
- chaque question et les choix de réponse qui la complètent sont sur une même page;
- les différentes parties sont bien différenciées.

Un travail de relecture du texte s'impose pour vérifier les accents, l'orthographe de chaque mot et les accords qui ont été employés. Si nécessaire, le consultant ne doit pas hésiter à faire reprendre une partie du texte.

L'information du milieu

Le milieu doit être informé avant que soit entreprise la cueillette des données. L'information du milieu se réalise le plus près possible de la période de cueillette, habituellement dans la quinzaine qui la précède. Au-delà de ce délai, c'est peine perdue, et l'étape de l'information est à reprendre, car les répondants ne se souviennent plus de ce qui leur a été communiqué, et même, dans certains cas, ne se rappellent plus d'avoir été informés sur ce sujet. Cette information est généralement communiquée dans le cadre d'une réunion régulière, ou transmise au moyen d'une note de service, d'une lettre circulaire ou d'un article dans le journal d'entreprise du milieu. Dans les milieux syndiqués, une attention toute particulière doit être apportée à l'information correcte des représentants syndicaux, et ce, afin qu'ils puissent répondre adéquatement aux interrogations et aux inquiétudes de certains de leurs membres.

Cette information est donc déterminée avec soin, car elle doit renseigner adéquatement le milieu en général et les éventuels répondants de façon particulière. Tout d'abord par considération pour les personnes, puis pour prévenir les résistances des répondants et, enfin, pour réduire la méfiance et limiter les rumeurs, les renseignements transmis se doivent d'être exacts, précis et conformes aux décisions qui ont été prises antérieurement. Cette information couvre habituellement les points suivants :

- le projet dans lequel s'insère cette enquête feed-back;
- les buts de ce projet et de l'enquête;
- les catégories de personnes qui sont invitées à fournir leur point de vue sur le sujet à l'étude;
- s'il y a échantillonnage, la façon dont les répondants ont été choisis;
- les règles d'anonymat qui seront appliquées;

- la personne qui est chargé de recueillir l'information;
- le lien de cette personne avec le milieu;
- la personne qui est chargée d'analyser les données;
- la personne ou les personnes à qui seront communiqués les résultats;
- la date à laquelle se fera le retour de l'information aux répondants;
- la personne ou les personnes qui choisiront les priorités d'action et le moment de ce choix.

Dans le cas de l'utilisation d'un questionnaire, l'information sera jointe au questionnaire au moment de l'envoi aux répondants et pourra même constituer l'introduction de l'instrument. Dans le cas d'entrevues ou d'observations, cette information est transmise au moment de la prise de contact avec les personnes qui ont accepté de participer à la cueillette des données.

La distribution de l'instrument

Les questionnaires sont distribués conformément aux décisions qui ont déjà été prises quant à la répartition des tâches techniques, au respect de l'anonymat des répondants, aux modalités de passation et à la période de cueillette. Lorsque la cueillette s'effectue au moyen d'entrevues individuelles ou de groupe, il est habituellement avantageux de transmettre au préalable la liste des questions qui seront soumises aux répondants. Chacun peut ainsi mieux se préparer à l'entrevue.

Les ententes sur les périodes de rencontre, d'entrevue, d'observation ou d'analyse de dossiers

Il arrive fréquemment que les répondants relèvent de plusieurs responsables. Il importe donc que le client informe personnellement ces derniers de la nature du projet et prenne avec eux des ententes qui tiennent compte des particularités de la cueillette. Ces ententes couvrent le moment et les modalités de convocation des répondants, c'est-à-dire la personne qui fera cette convocation et la façon dont elle sera faite. Il s'agit là d'une tâche délicate pour le consultant, mais il doit s'assurer que cette information est adéquatement transmise et que les ententes nécessaires ont été conclues. Beaucoup d'enquêtes feed-back ont déjà achoppé sur les difficultés occasionnées par de telles lacunes.

La cueillette proprement dite

Il arrive occasionnellement que certaines personnes du milieu soient associées activement à la cueillette des données. C'est alors le consultant qui a la responsabilité de les former adéquatement à l'application de l'instrument prévu. Habituellement, cette formation est donnée lorsque la version définitive de l'instrument a été arrêtée. Selon la complexité de l'instrument utilisé et l'importance du sujet examiné, cette formation est soit élémentaire, soit élaborée. Une formation élémentaire se borne à la présentation de l'instrument, de ses dimensions et des directives précises pour son application. Une formation élaborée utilise en outre des exercices de simulation destinés à soumettre les collaborateurs à certaines difficultés susceptibles de se présenter lors de la cueillette des données. Ces exercices de simulation sont parfois enregistrés sur magnétoscope et ces enregistrements sont ensuite visionnés pour analyser les difficultés rencontrées et s'entendre sur une façon de se comporter face à de telles difficultés.

Le temps est venu d'appliquer les méthodes de cueillette et les instruments, et de résoudre les incidents qui vont se présenter. Une dernière précaution s'impose dans le cas d'entrevues individuelles et de groupe : une visite du local où va s'effectuer la cueillette des données, pour s'assurer qu'il est approprié et qu'il permet d'assurer l'anonymat des répondants et de garantir la confidentialité de leurs propos.

CONCLUSION

Les étapes à franchir pour la préparation d'un instrument de cueillette de données sont généralement les suivantes :

- la préenquête,
- le choix des dimensions, des sous-dimensions et la formulation des questions,
- la vérification de la qualité de l'instrument,
- la préparation du plan d'analyse,
- le prétest de l'instrument,
- la conception de la lettre de présentation ou du message d'introduction.

Quant aux étapes relatives à la cueillette des données, elles sont les suivantes :

- l'impression des instruments ;
- l'information du milieu ;

– la distribution des instruments;
– les ententes sur les périodes de rencontre, d'entrevue, d'observation ou d'analyse de dossiers;
– la cueillette proprement dite.

L'information a été recueillie d'une façon relativement conforme à ce qui avait été prévu; il y a bien eu de petits incidents de parcours que le consultant a dû traiter, mais que serait son métier sans ces incidents? La série d'étapes du chapitre suivant présente le traitement des données.

Chapitre 6

Le traitement des données

Comme il se doit, le traitement des données suit la cueillette. Ce traitement comporte les trois étapes suivantes :

- la compilation,
- l'analyse proprement dite,
- le contrôle de la qualité de cette analyse.

1. LA COMPILATION DES DONNÉES

Pour compiler les données qui ont été recueillies au moyen d'un questionnaire, le consultant suit les étapes suivantes :

1. Il codifie d'abord les réponses aux questions fermées ou à choix multiples[7]. Pour ce faire, il leur attribue un code qui va permettre par la suite d'obtenir la distribution des fréquences et les statistiques descriptives requises, conformément au plan d'analyse défini préalablement.

2. Pour compiler les commentaires reliés aux observations ou aux analyses documentaires et les réponses recueillies au moyen des questions ouvertes, le consultant prend connaissance des informations. Cela lui permet, d'une part, d'écarter celles qui ne sont pas en lien avec le sujet abordé et, d'autre part, de regrouper sous d'autres questions celles qui y figureraient mieux, ou, enfin, de

---

7. Le lecteur qui n'est pas familier avec ces expressions est invité à consulter Javeau, 1971.

compléter certains commentaires pour les rendre plus explicites, et ce, tout en s'efforçant de respecter la pensée des répondants.

3. Pour chaque question, il regroupe les commentaires sous une ou plusieurs rubriques qui sont reliées aux dimensions à l'étude ou favorisent l'émergence de nouveaux aspects que la préenquête n'avait pas révélés.

2. L'ANALYSE DES DONNÉES

Analyser les données consiste à répondre aux questions formulées principalement dans le plan d'analyse en s'appuyant sur les résultats de la compilation. Il arrive fréquemment que des questions additionnelles émergent au fil de ces activités d'analyse. Analyser consiste en somme à faire des liens entre les données qui ont été compilées et faire ressortir les aspects qui contribuent à cerner, à décrire ou à évaluer la situation initiale. À titre d'illustration, dans l'exemple employé précédemment, analyser consisterait à mettre en évidence les principales difficultés reliées au travail en comité, difficultés habituellement rencontrées par les répondants d'un même comité et recueillies lors de la cueillette des données.

Analyser des données consiste aussi à interpréter les données compilées, c'est-à-dire à leur donner un sens en faisant une ou plusieurs hypothèses, en organisant ou en présentant les faits dans une perspective différente de celle à l'intérieur de laquelle la simple synthèse la maintiendrait, ou en trouvant une explication qui sous-tende les données recueillies. Analyser des données, c'est en quelque sorte leur donner une signification, leur fournir un cadre renouvelé. Une simple synthèse de ces données, sans analyse, s'avère fréquemment insuffisante pour aider un milieu à choisir des pistes d'action. Un instrument qui peut aider un consultant à produire une analyse des données est présenté à la figure 5.

Pour illustrer l'emploi de ce tableau, voici comment a été traitée la question suivante : « Quelles sont les difficultés du travail en comité qui sont dues aux relations interpersonnelles ? » Cette question provient du plan d'analyse élaboré dans le cadre de l'intervention au sein de l'entreprise Alie. La réponse à cette question a été obtenue à la suite de l'examen attentif de la compilation des réponses qui avaient été recueillies par le consultant auprès des membres de chaque comité. Les informations compilées, qui ont contribué à formuler la réponse à cette question, ont été reportées dans l'instrument présenté à la figure 5 sous la rubrique : *données compilées*. En guise d'aide-mémoire, le consultant a indiqué, sous la rubrique *référence*, le numéro des questions correspondantes et le numéro des feuillets de compilation desquels ces informations ont été extraites. Une interprétation de ces données s'est avérée nécessaire pour situer le degré d'importance d'une difficulté par rapport à d'autres et faire ressortir les éléments sous-jacents à cette difficulté. Cette interprétation a été notée dans la colonne appropriée et sera reprise lorsque viendra le temps de faire la synthèse des interprétations, au terme de l'analyse.

Figure 5
Un instrument pour analyser les données

Question du plan d'analyse :		
Données compilées	Références	Interprétations

Dans le cadre d'une enquête feed-back, l'analyse des données doit faciliter l'implication du milieu. Pour faciliter cette implication, cette analyse doit inciter les répondants à la valider et à la compléter. Les résultats de l'analyse se doivent donc d'être accessibles. C'est en reproduisant les principales formulations des répondants qu'ils le deviennent habituellement. De plus, l'interprétation qui sera présentée aux répondants, si tel est le choix du consultant, devra reposer sur ces résultats. Le lien entre ces résultats et cette interprétation devra donc être évident: les prémisses seront alors clairement définies et la conclusion ne fera pas appel exclusivement à des connaissances détenues uniquement par le consultant.

Pour favoriser la prise en charge de la démarche par le milieu, certains consultants se limitent à la compilation des données, et ce, afin d'inciter, en quelque sorte, les répondants à dégager leur propre interprétation des informations recueillies. Lors du retour d'information, ces consultants vont généralement amorcer cette analyse avec des questions comme celles-ci : « Que dégagez-vous de ces informations ? » « Que vous disent-elles sur la situation qui est à l'étude ? » Selon les circonstances, le consultant devra donc déterminer si la synthèse des données significatives est suffisante pour aider un milieu à cerner ou à évaluer la situation initiale ou s'il faut aller plus loin et interpréter les données disponibles afin de les situer dans un cadre mieux articulé que les répondants devront entériner.

Une autre caractéristique essentielle d'une analyse de données réside dans sa crédibilité. Généralement, cette crédibilité repose sur la variété des sources d'information utilisées (Lescarbeau et coll., 1990) et sur le fait que les données peuvent être validées par les répondants. Pour concrétiser ce dernier point, il est nécessaire que cette analyse reflète adéquatement les différentes positions qu'ils ont fait valoir.

Les résultats de l'analyse produisent couramment une certaine confrontation; ils apportent, dans le champ de conscience des répondants, des informations qui confirment ou modifient la perception qu'ils ont de la situation. Cette confrontation, pour être productive, doit éviter de susciter des réactions défensives telles que l'énergie psychologique des acteurs ne soit plus disponible pour réaliser le travail qui doit être fait à la suite de la présentation de ces résultats. Pour cette raison, ces résultats seront descriptifs et factuels, les interprétations, quant à elles, seront nuancées et pondérées; il s'agit là d'autres caractéristiques d'une analyse de données.

Avant de soumettre les résultats de son analyse au client et aux répondants, le consultant en contrôle la qualité. La figure 6 présente un instrument qui lui est proposé pour exercer ce contrôle de qualité; il s'inspire d'un instrument produit par Lescarbeau et coll., 1985.

Le cinquième énoncé de ce tableau nécessite une clarification. Il invite le consultant à vérifier si les résultats de l'analyse n'avantagent pas indûment une position, et ce, au détriment d'autres positions. Il convient de le préciser : l'analyse des données doit refléter adéquatement toutes les positions qui composent une situation initiale. Elles sont parfois majoritaires ou minoritaires, mais cela n'est pas une difficulté en soi. La difficulté signalée par ce cinquième énoncé survient lorsque l'intervenant, à travers ses interprétations, favorise, de façon injustifiée et pour des motifs purement subjectifs, l'une des positions qui se dégage de l'analyse. Plus souvent qu'autrement, une telle option lui fera perdre une partie de sa crédibilité et de son efficacité[8].

---

8. Pour une clarification de la notion d'efficacité, voir Lescarbeau et coll., 1990, p. 32-35.

Figure 6
Un instrument pour le contrôle de qualité de l'analyse des données

Critères	oui	non
1. Les résultats de l'analyse se concentrent-ils sur la situation initiale?		
2. Les résultats de l'analyse comportent-ils trop d'avenues différentes qui risquent de disperser l'attention des répondants?		
3. L'analyse permet-elle de faire ressortir les facteurs les plus importants?		
4. Les résultats de l'analyse s'appuient-ils sur des données recueillies lors de l'application des méthodes de cueillette choisies de concert avec le client?		
5. Les résultats de l'analyse avantagent-ils indûment la position d'une personne ou d'un sous-groupe au détriment d'autres personnes ou sous-groupes?		
6. Les résultats de l'analyse sont-ils exprimés d'une façon qui soit recevable par les répondants?		
7. Les résultats de l'analyse sont-ils présentés dans des termes compréhensibles?		
8. Les résultats de l'analyse intègrent-ils des formulations recueillies auprès des répondants?		
9. Le scénario prévu pour la présentation des résultats permet-il aux répondants de compléter l'analyse?		
10. Les résultats de l'analyse sont-ils susceptibles d'aider le client et les répondants à avoir plus de prise sur la situation qui fait l'objet de l'enquête feed-back?		
11. Les résultats de l'analyse sont-ils susceptibles de faciliter la détermination de pistes d'action?		

À la lumière des réponses qui précèdent, quels sont les correctifs qui doivent être apportés aux résultats de l'analyse?

CONCLUSION

L'analyse des données est une opération délicate qui nécessite de la méthode, de la rigueur, de la pondération, un certain détachement du contenu traité, un sens de l'analyse et un esprit de synthèse.

C'est à travers la compilation et l'analyse que se révèlent les différentes facettes de la situation initiale qui ont pu être cernées par la consultation des acteurs, qui sont à la fois les témoins et les artisans de cette situation.

Chapitre 7
Le retour d'information

La modalité de retour d'information présentée dans ce chapitre est la présentation verbale réalisée dans le cadre d'une réunion plénière. Cette modalité a été retenue parce qu'elle permet d'exposer les principes qui doivent être considérés lors de la planification d'un retour d'information. Le cas échéant, le lecteur devra transposer ces principes en les appliquant aux autres modalités qu'il utilisera.

Des chercheurs (Klein et coll., 1971, p. 500) ont démontré statistiquement que les rencontres de retour d'information auprès de deux catégories d'employés, soit les employés d'usine et les cadres intermédiaires de cette même entreprise, étaient plus efficaces pour susciter des changements que les rapports écrits. Ils ont également établi que le retour d'information lui-même, indépendamment de la façon dont il avait été effectué, était également plus efficace qu'une cueillette d'information sans retour.

Le but de la rencontre de retour d'information est d'inciter les personnes concernées par une situation initiale à l'examiner attentivement et à collaborer pour la faire évoluer dans une direction qui semble la plus profitable à la fois pour les acteurs et pour le système.

Les personnes invitées à la séance de retour d'information sont les suivantes :

- Le gestionnaire du système touché par cette démarche. Les résultats de ce cheminement sont généralement plus positifs et profitables lorsque ce gestionnaire participe activement aux activités de retour d'information (Klein et coll., 1971, p. 500).

- Les membres du système qui ont été consultés. À défaut de pouvoir réunir toutes ces personnes à cause du contexte de travail, il faudra réunir un groupe représentatif de répondants.

Klein et coll. (1971, p. 508) estiment que plus le groupe est restreint, plus les acteurs se sentent concernés par le projet et impliqués dans les suites qui donneront lieu à une implantation dans le milieu.

Un groupe restreint regroupe habituellement entre cinq et vingt personnes. Le consultant peut toutefois réunir un nombre de répondants plus considérable, qu'il répartit en sous-groupes, lorsque les participants doivent interagir. L'important est de permettre à chacun de pouvoir interagir directement avec des collègues dans le cadre des activités prévues. En règle générale, le consultant évitera d'inviter à cette rencontre des personnes qui ne sont pas directement concernées par cette démarche. Leur présence ne fera que l'alourdir et y introduire des préoccupations secondaires par rapport aux enjeux véritables qui sont reliés au choix des pistes d'action appropriées au développement du milieu.

Dans une rencontre de remise d'information, l'examen de la situation repose habituellement sur des bases relativement solides, soit des données objectives recueillies auprès de sources d'information compétentes parce qu'elles sont au fait de la situation sur laquelle la réflexion porte. Ces données reflètent différentes facettes de la situation et ne reposent pas seulement sur des opinions plus ou moins fondées, sur des préjugés, des croyances ou des préférences individuelles.

Le consultant a en main l'information qui aidera les membres du système-client à identifier les éléments à modifier afin de faire évoluer la situation initiale. Il n'a plus qu'à leur présenter ces données, les associer à l'analyse et les inciter à désigner des pistes d'action, et ce, après les avoir invités à réagir à l'information qu'il leur a présentée, à la compléter et à la valider. Ces quelques expressions résument les buts poursuivis par le retour d'information. Mais avant de présenter la synthèse des résultats aux répondants, le consultant a encore quelques tâches à accomplir. Ces tâches sont les suivantes :

– préparer les documents de support;
– planifier le déroulement de la séance de retour d'information;
– présenter les résultats au client;
– rappeler la date, l'heure et le lieu de la séance de retour d'information aux participants;
– préparer le local où se tiendra la séance de retour d'information;
– conduire la séance de retour d'information elle-même.

Ce chapitre traite de ces aspects et présente en plus une modalité de retour d'information particulière : le retour en cascade.

1. LA PRÉPARATION DES DOCUMENTS DE SUPPORT

Au terme des étapes de l'analyse, l'information à présenter aux répondants a été choisie avec soin. Le consultant voit alors à ce que cette information soit transposée sur un support visuel approprié à la modalité de présentation d'information retenue. La nature de ce support doit faciliter la mise à jour de l'information au moment du retour d'information.

Pour ce qui est de la présentation écrite, une esquisse est couramment préférée à un rapport bien articulé et bien structuré qui a l'allure d'un produit fini que les répondants n'oseraient pas modifier.

Pour la présentation orale, il existe différentes possibilités, allant de l'acétate à la projection sur écran géant de données contenues sur une disquette informatique. Toutefois, c'est encore l'affiche qui est la plus utilisée; les données sont alors transcrites sur les feuilles d'un bloc-notes géant sur lesquelles l'emploi de crayons feutres de couleurs variées permet de mettre en relief différents aspects du contenu. Les données y sont inscrites lisiblement en utilisant une grosseur de caractères qui en permet la lecture à distance. L'intérêt de l'affiche réside dans le fait que toutes les données sont disponibles simultanément lorsque vient le moment de les compléter, d'y réagir, de les interpréter et de choisir des pistes d'action; ces feuilles sont placardées sur les murs, tout au long de la présentation.

2. LA PLANIFICATION DU DÉROULEMENT

Une séance de retour d'information comporte les six étapes suivantes :

1. l'introduction de la séance de retour d'information;
2. la présentation des données;
3. la validation de l'information;
4. les réactions à l'information recueillie et organisée;
5. l'interprétation de l'information recueillie et organisée;
6. l'identification des pistes d'action.

Pour chacune de ces étapes, le consultant précise, de préférence avec le client, qui fera quoi, durant combien de temps, avec quelle méthode ou technique et en utilisant quelles ressources matérielles : équipement, instrument, tableau. Ces décisions seront arrêtées au terme de la rencontre préalable avec le client, rencontre commentée ci-dessous.

Gavin et coll. (1983) ont calculé, dans le cadre d'un projet impliquant le personnel d'un complexe minier, le temps qui était requis pour les étapes du processus de solution de problème. Cent soixante-cinq sessions de retour d'information ont été tenues dans cette entreprise. La durée moyenne de ces sessions a été de deux heures et demie. L'étape correspondant à l'interprétation de l'information a nécessité, en moyenne, 37 % du temps, soit près d'une heure. Celle correspondant à l'identification des pistes d'action a requis, en moyenne, 23 % du temps, soit 35 minutes (p. 232). Selon cette répartition du temps, il reste une heure pour les quatre premières étapes.

3. LA PRÉSENTATION PRÉALABLE DES RÉSULTATS AU CLIENT

Lorsque le retour d'information a été préparé, les données sont ensuite présentées au client. Bien que cette présentation puisse donner l'impression qu'il s'agit là d'une « générale » – comme on le fait pour un spectacle –, il en va tout autrement ici. À ce sujet, Lescarbeau et coll. (1990) écrivent ce qui suit :

> (...) il est recommandé au consultant de faire en sorte que le client soit le premier à prendre connaissance des résultats. Le client étant informé rapidement de l'essentiel du contenu des résultats, il peut, avec l'appui du consultant, commencer à intégrer cette information tout en demeurant ouvert à l'influence de ses collaborateurs. Dans certains cas, l'expression d'insatisfactions vise clairement le client : il est alors particulièrement important pour le consultant de rencontrer ce dernier pour l'aider à recevoir et interpréter ces informations. (p. 190)

La transmission de l'information au client, bien que moins formelle, emprunte sensiblement la même séquence que celle qui sera utilisée avec les répondants : présentation des objectifs et du déroulement, présentation des données et clarification, réaction aux données et interprétation sommaire, s'il y a lieu.

Cette démarche préalable n'est pas destinée à « piper les dés », mais plutôt à mettre en place des conditions favorables à la collaboration entre le client et les répondants lors de la séance de retour. Dans les situations plus tendues, elle permet au client de prendre du recul face aux résultats, d'explorer certaines possibilités, parfois même d'intégrer le feed-back reçu et d'arriver à cette séance avec plus de sérénité et d'ouverture. Dans d'autres cas, elle permet de mettre à jour les résistances du client et d'en examiner le bien-fondé. Tout au long de cette présentation, l'intervenant doit faciliter l'expression du client et, dans certains cas, lui permettre de « ventiler » ses sentiments de frustration et de colère. Le but de cette démarche est d'aider le client à adopter plus tard des comportements appropriés qui vont favoriser l'atteinte des objectifs poursuivis.

En aucun cas cette démarche préalable ne doit donner lieu à une modification des données dans le but de changer l'image qui s'en dégage. Par ailleurs, certaines des formulations employées dans le retour d'information peuvent être révisées de manière à fournir une interprétation plus adéquate des données compilées ou faire en sorte que le feed-back soit plus nuancé et plus approprié.

Au terme de ce premier cheminement, qui peut dans plusieurs cas nécessiter plus d'une rencontre, le consultant et le client s'entendront sur la planification du déroulement de la séance de retour d'information, déjà amorcée par le consultant. Il faudra se rappeler à ce moment que le sentiment d'efficacité des répondants sera accru si la personne qui présente l'information en maîtrise le contenu (Klein et coll., 1971, p. 503).

4. LE RAPPEL DE LA DATE DU RETOUR D'INFORMATION

La date du retour d'information doit être annoncée longtemps d'avance. Dans les cas où la cueillette a été faite au moyen d'entrevues, l'intervieweur en avait informé les interviewés au moment de la clôture de l'entretien. Dans les cas où la cueillette a été faite au moyen d'un questionnaire, la lettre de présentation ou l'introduction y faisait déjà référence. Dans les cas où elle a été réalisée au moyen d'une recherche documentaire ou d'observations, l'information transmise aux membres du système-client, dès l'origine de la démarche, abordait la question de la date du retour d'information.

À ce stade-ci, le gestionnaire devrait adresser un rappel aux répondants en faisant ressortir l'importance de cette activité et en soulignant l'intérêt qu'il lui porte. De cette façon, les chances de succès du retour d'information seraient augmentées.

5. LA PRÉPARATION DU LOCAL

Le local utilisé pour la présentation des données doit être propice à une réunion de travail en général et à une séance de retour d'information en particulier. La salle doit être suffisamment éclairée, aérée et à l'abri du tapage. Elle doit rendre possible l'utilisation des moyens retenus pour la présentation des données et faciliter les interactions entre les participants. Dans l'heure qui précède le début de la rencontre, le consultant vérifie et ajuste la disposition de la salle en fonction du travail qui doit s'y faire et complète la mise en place du matériel de soutien qui a été prévu. Le consultant se rappellera que la disposition en demi-cercle favorise généralement la présentation des données, alors que le cercle et l'ovale sont propices au travail en sous-groupe. Si la salle est meublée de tables de travail, en juxtaposant deux tables, il parviendra probablement à créer une aire de travail appropriée et pouvant convenir à une douzaine de personnes.

6. LA CONDUITE DE LA SÉANCE DE RETOUR D'INFORMATION

Il appartient au consultant de superviser le déroulement de la séance de retour d'information en tant qu'expert de ce processus. Par conséquent, il veillera à ce que les objectifs de chacune des parties soient atteints et, le cas échéant, s'assurera de la mise en place des ajustements requis et verra à ce que les incidents critiques soient traités de façon adéquate. Le consultant n'est pas obligatoirement l'animateur de toutes les activités de la séance de retour d'information. Il peut partager cette animation avec le client ou des membres du système-client qui ont participé à la cueillette ou à la compilation et à l'analyse des données.

L'introduction de la séance de retour d'information

La première partie de la séance, soit l'introduction, permet à l'animateur de la rencontre d'inviter les participants à se présenter s'ils ne se connaissent pas déjà, ou, si le groupe est trop considérable, de mentionner quels sont les sous-groupes qui composent l'assemblée. Quelle que soit la technique utilisée, elle doit favoriser l'instauration d'un climat ouvert et productif; c'est l'occasion de briser la glace et de réduire la réserve que l'on remarque souvent dans les premiers instants de la vie d'un groupe.

Ensuite, l'animateur présente avec clarté les objectifs de la rencontre, les règles du jeu qui ont été convenues avec le gestionnaire quant au choix des priorités de changement. Il précise la nature de son mandat, qui comprend les tâches suivantes :

— être le gardien de la démarche en groupe;

— structurer les échanges;

— faciliter la participation d'un plus grand nombre possible;

– réfréner la participation de ceux qui monopolisent les échanges;
– contrôler le temps.

À la suite de ces précisions, le consultant expose le déroulement prévu pour la rencontre, et ce, de telle sorte que chacun sache de quelle façon la cible sera poursuivie. Idéalement, les étapes du déroulement de la rencontre ont été inscrites sur une affiche placée à la vue des participants. Il les invite ensuite à participer aux échanges et à prendre le risque d'émettre des opinions afin de faire avancer la réflexion (Aplin et coll., 1974, p. 527). C'est donc à ce moment du déroulement que l'animateur s'entend avec les participants sur la définition de son rôle au sein de ce groupe, sur les objectifs qu'il poursuit et les règles qu'il entend appliquer.

Puis il rappelle brièvement l'origine et la nature de la demande, la procédure de cueillette qui a été employée et la manière dont les données ont été traitées. Il clôt cette partie en vérifiant si les participants ont des questions de clarification et, le cas échéant, y répond avec simplicité.

La présentation des données

La méthode utilisée doit permettre à chaque participant de prendre connaissance des données qui constituent le portrait de la situation. Pour faciliter la compréhension de ces données, il est habituellement nécessaire de répondre à des questions de clarification. L'animateur doit faciliter la formulation de ces questions en étant attentif aux réactions des participants, en accueillant chaque question et en s'assurant que la réponse formulée y est reliée. Ces questions de clarification sont habituellement posées au cours de la présentation des données, ce qui rend cette étape plus dynamique. L'animateur devra veiller à ce que les participants, à travers les questions qu'ils posent, ne commencent à réagir à l'information. « Ne pensez-vous pas que ... » est un type de demande d'information qui ne constitue généralement pas une véritable demande mais plutôt l'expression d'une opinion; il convient donc de proscrire une telle demande à cette étape, en proposant au participant de retenir son commentaire pour une étape ultérieure.

La validation de l'information

Chaque répondant devrait trouver que sa position personnelle est suffisamment bien reflétée et que les données qu'on vient de lui présenter constituent une base de travail valide. L'animateur amorce cette partie avec une question analogue à celle-ci : « Est-ce que chacun des répondants reconnaît sa position dans l'information qui vient d'être présentée?» Lorsqu'un répondant est d'avis que sa position n'a pas été correctement traduite, il est invité à suggérer les correctifs requis; ces correctifs sont immédiatement inscrits aux endroits appropriés, sans que l'animateur n'ait à obtenir ni à vérifier l'accord des autres participants. Cette partie prend fin lorsque chacun estime que sa position personnelle a été traduite convenablement et que le groupe considère que les résultats présentés cernent adéquatement la situation initiale. La suite du processus doit reposer sur de l'information qui est jugée valide par tous les répondants présents.

Les réactions à l'information recueillie et organisée

Les étapes de transmission et de validation de l'information terminées, il est habituellement judicieux d'inviter les répondants à verbaliser leurs réactions à l'égard du contenu. L'animateur amorce cette partie avec une question analogue à l'une ou à l'autre de celles qui suivent: «Comment réagissez-vous à cette information?»«Qu'est-ce que ça vous fait de prendre connaissance de ces données?» De telles questions ont pour but de susciter des commentaires qui traduisent des impressions, des réactions ou des émotions qui pourraient empêcher les participants de poursuivre efficacement le travail amorcé. L'expression de ces commentaires doit être facilitée par l'animateur. Ils doivent être accueillis positivement, même s'ils ne concordent pas avec ce que l'animateur aurait aimé entendre. Cette partie est habituellement brève, sauf lorsque l'enquête feed-back porte sur un sujet controversé. L'animateur doit donc déceler, dans chaque cas, si les répondants sont prêts à passer à la partie suivante ou s'il doit prolonger cette période de réactions.

Au terme de cette partie, la séance de retour d'information peut être suspendue pour une pause. En outre, les étapes suivantes peuvent être reportées à une date ultérieure, relativement rapprochée, ce qui laissera du temps aux répondants et leur permettra de prendre du recul, d'intégrer les données et de se préparer à exécuter adéquatement ce qu'il reste à accomplir. Selon Klein et coll. (1971), la satisfaction des participants face aux données du retour d'information est plus grande lorsque les acteurs ont eu plus d'une rencontre consacrée à la réception et au traitement de l'information (p. 501). La répartition du retour d'information sur deux rencontres semble être l'approche optimale du point de vue de l'implication et de la satisfaction des répondants, surtout si l'information concerne l'ensemble de l'organisation ou d'un système dans lequel les participants ne constituent qu'un sous-système. Dans de tels cas, il vaut mieux prévoir au départ plus d'une rencontre afin de permettre aux acteurs de saisir les nuances que renferme l'information et d'y réagir de façon éclairée (Klein et coll., 1971, p. 502).

Au terme de chaque rencontre, l'animateur devrait situer dans son contexte l'exercice qui s'achève, évaluer l'atteinte des objectifs de la rencontre et reconnaître la contribution que les participants ont apportée. Il devrait de plus faire le point sur le déroulement de la rencontre, le mandat de l'animateur et identifier les correctifs à apporter lors de la prochaine séance de travail, s'il y a lieu. Enfin, dans le cas d'une suspension du travail, l'animateur devrait convenir d'une date ultérieure de rencontre et des suites à donner à celle-ci (Aplin, 1974, p. 529).

L'interprétation de l'information recueillie et organisée

Selon les objectifs poursuivis, interpréter signifie donner un sens aux données, cerner les difficultés ou les problèmes que ces données révèlent, identifier les hypothèses de redressement ou de consolidation à valider subséquemment dans l'action, tenter d'expliquer certaines données.

Le lecteur se rappellera que le consultant a choisi l'une des deux modalités suivantes, soit la présentation des résultats structurés, mais sans interprétation, soit la présentation de ces résultats accompagnés d'une ou de quelques interprétations formulées par lui, le client ou les membres d'un comité de travail.

Recherche d'une interprétation

Pour travailler à la recherche d'une interprétation, le groupe comportant plus d'une quinzaine de participants est scindé en autant de sous-groupes que nécessaire.

La démarche suggérée par l'animateur fait en sorte que les résultats les plus significatifs soient d'abord identifiés. Ensuite, les répondants seront invités à formuler une ou plusieurs interprétations en s'appuyant sur ces résultats. L'animateur propose donc tout d'abord une procédure pour choisir ces résultats. Ainsi, dans l'exemple de l'entreprise Alie présenté précédemment, l'animateur aurait pu suggérer aux répondants d'identifier deux difficultés qui, à leur avis, influençaient le plus négativement leur rendement. Après avoir colligé les choix individuels, l'animateur aurait pu demander au groupe de retenir les difficultés qui correspondaient à un certain pourcentage des choix exprimés. Quelle que soit la procédure adoptée, elle doit être précisée dès le début de cet exercice, surtout lorsque les participants sont méfiants ou que les résultats traduisent des oppositions entre diverses tendances.

Après avoir facilité le choix des données les plus significatives, l'animateur incite les répondants à formuler une ou plusieurs interprétations en s'appuyant sur ces données. Cette incitation est faite à l'aide d'une question semblable à celles-ci : « Qu'est-ce que ça vous suggère ces données? »; « Que peut-on conclure de ces données? »; « Quels jugements peut-on porter sur la situation à partir de ces données? »; « Ces données traduisent quoi? »

Habituellement, cet exercice fait ressortir les différentes facettes, les différents éléments ou les différentes forces qui influencent la situation initiale. Il peut aussi faire ressortir ce qui est implicite, ce que dissimulent ces données qui ont été jugées significatives. Lorsque ces interprétations sont formulées en sous-groupes, chacune fait l'objet d'une présentation en plénière, suivie d'une période de clarification. Si par ailleurs le consultant, par prudence, s'est également efforcé de formuler une interprétation de ces données et de garder cette interprétation en réserve, il peut alors la présenter au groupe en même temps que les autres. Finalement, les participants sont invités à se prononcer sur l'interprétation qui, à leur avis, cerne le mieux la situation initiale ou à en formuler une autre qui puise des éléments dans les différentes interprétations qui leur ont d'abord été proposées. C'est à ce stade que s'élabore le diagnostic, l'identification du problème ou l'évaluation, selon l'objectif poursuivi.

Validation d'une interprétation

Dans le cas où le consultant a opté pour la présentation des résultats qui ont été interprétés, l'interprétation est d'abord présentée aux répondants. Ensuite, l'animateur les invite à réagir à l'interprétation qui vient de leur être soumise, à poser des questions de clarification, puis à nuancer au besoin cette interprétation, à la compléter ou à en formuler une autre. Dans ce cas également, la réaction à l'interprétation peut s'articuler en sous-groupes. Le produit sera également présenté en plénière et traité d'une façon similaire à celle détaillée plus haut.

L'identification des pistes d'action

Pour identifier des pistes d'action, les répondants sont habituellement invités à répondre à la question suivante : « Quelles actions sont nécessaires pour améliorer la situation qui se reflète dans l'interprétation qui a été retenue? » Généralement, ces pistes d'action découlent de l'examen des données les plus significatives qui ont déjà été identifiées. Ces données sont assez souvent complétées par d'autres considérations pertinentes.

Les répondants sont invités à choisir des pistes d'action qui seront soumises au gestionnaire. Pour lui faciliter le choix des priorités de changement, les motifs sur lesquels se fondent les actions proposées seront précisés. Il importe que les répondants soient ensuite informés des choix que le gestionnaire aura faits et des suites qui auront été prévues; ainsi, les répondants seront en mesure d'évaluer l'effet qu'a eu leur contribution à cette démarche. Dans certains cas, lorsque le gestionnaire en aura manifesté l'intention, les pistes d'action deviendront les priorités de changement, et ce, sans qu'il intervienne davantage dans ce choix.

7. LE TRAITEMENT DE LA DYNAMIQUE INTERPERSONNELLE LORS DES RETOURS D'INFORMATION

Lors d'un retour d'information, les répondants se concentrent sur la tâche à réaliser et ils se dérobent assez souvent à l'examen de certains indices révélateurs de leurs dynamiques interpersonnelles. Ces différents indices, s'ils étaient mieux exploités, pourraient aider les participants à prendre conscience de certaines structures de relation qu'ils installent entre eux. Dans plusieurs cas, grâce à ces prises de conscience, l'état de leurs relations pourrait évoluer de façon à corriger certains problèmes qui semblent récurrents (Aplin, 1974, p. 526; Miles, 1969, p. 459).

Assez fréquemment, certains des problèmes qui affectent le fonctionnement d'un système ont leur source dans la dynamique de ces relations interpersonnelles. C'est en abordant ces problèmes à ce niveau-là qu'ils pourront être résolus de façon durable. Le fait que le consultant souligne certains types de comportement lui semblant problématiques fait émerger ces comportements dans le champ de conscience du groupe, et les membres de ce groupe auront ainsi plus de prise pour agir sur ces comportements. Dans le cas de l'entreprise Alie, l'approche de confrontation entre plusieurs employés rémunérés à l'heure et le coordonnateur a été soulevée par le consultant au cours des rencontres de retour d'information. Cette exploration a permis d'identifier certains problèmes que la cueillette des données n'avait pas mis en lumière.

La séance de retour d'information peut donc donner lieu à une amorce de réflexion sur les modes d'interaction qui prévalent dans un milieu donné. Un consultant avisé, expérimenté, formé à traiter de tels aspects dans une approche de respect pour les personnes, peut devenir un bon catalyseur pour examiner ces situations problématiques, et sans que cela devienne une *dynamique de groupe* que tant de gestionnaires craignent. L'auteur ne recommande toutefois pas au débutant de s'aventurer sans formation préalable sur ce terrain délicat et combien complexe des relations interpersonnelles.

8. LE RETOUR EN CASCADE

À l'époque de la conceptualisation et des premières expérimentations de l'enquête feed-back, le retour d'information se faisait progressivement auprès de chacune des équipes constituant l'organisation, en partant du sommet et en descendant jusqu'à la base. Ce retour débutait d'abord avec les cadres supérieurs et se déroulait ainsi niveau par niveau jusqu'à la base (Mann, 1957; Neff, 1965). Cette façon de remettre les données en procédant avec les *groupes naturels* s'appelle le retour en cascade. Il est approprié de procéder ainsi lorsque les données ont été recueillies dans l'ensemble de l'organisation et qu'elles sont destinées à évaluer le climat de travail, la satisfaction au travail ou les forces et les faiblesses de l'organisation, de ses structures et de ses mécanismes de fonctionnement. Habituellement, dans de telles situations, le président, le directeur général ou les membres de l'équipe de direction sont les clients du consultant. Par ailleurs, une présentation en cascade peut se limiter à une seule direction lorsque les données recueillies concernent uniquement les membres de cette direction. Par analogie, le cas de l'AERR présenté au chapitre deuxième constitue une illustration d'un retour d'information en cascade.

Le déroulement du retour d'information en cascade

Les données compilées et analysées sont d'abord présentées par le consultant à l'équipe des cadres supérieurs, selon la procédure de retour décrite précédemment. Ils examinent les données, les analysent, les interprètent et choisissent dans l'ensemble des difficultés ou des problèmes qu'elles révèlent ceux sur lesquels il semble le plus urgent d'agir. Ils précisent ensuite comment, à leur niveau de pouvoir, ils peuvent intervenir sur les cibles qui ont été retenues. Ils sélectionnent donc des priorités d'action qui correspondent à leur niveau de pouvoir dans l'organisation. Ils spécifient comment les priorités retenues et les décisions qu'ils ont prises seront communiquées aux membres du palier inférieur. La prochaine séquence de retour d'information auprès des personnes de ce niveau est ensuite planifiée et organisée.

Le consultant aide alors chaque gestionnaire à se préparer pour effectuer la séance de retour d'information auprès de ses subalternes; ce retour s'avère généralement plus efficace quand il est géré par le gestionnaire lui-même (Neff, 1965), car il trouve plus de pistes d'action concrètes et pertinentes à exploiter (Klein, 1971, p. 500) que ne peut habituellement le faire le consultant. Dans le cadre de cette préparation, les données sont d'abord revues, afin de s'assurer que le gestionnaire les comprend bien et de déterminer sur quelles informations il insistera davantage parce qu'elles lui semblent plus pertinentes à la situation de son secteur d'activités et des sous-secteurs relevant de ses subalternes. Puis les objectifs de la séance de retour sont précisés, le déroulement est planifié et les participants sont convoqués. Généralement, lorsque les participants sont en mesure de faire des liens entre l'information qui leur est présentée et leurs préoccupations quotidiennes, le feed-back est perçu comme plus utile et la satisfaction des participants est plus grande que lorsque les participants ne voient pas l'apport et l'utilité de cette information (Klein, 1971, p. 500).

Le gestionnaire présente les données à ses subalternes en adoptant les procédures exposées précédemment. Les comportements qu'il adopte lors de cette séance auront une certaine importance puisqu'ils vont servir de modèle quand, à leur tour, les subalternes présenteront ces données à leurs subordonnés. Par conséquent, cette séance de retour d'information va fixer les normes des présentations subséquentes qui seront tenues dans ce secteur de l'organisation. Ainsi, le degré d'ouverture du gestionnaire, les critères utilisés pour choisir les priorités d'action, les sujets que l'on pourra aborder ou pas vont donner le ton à ces rencontres subséquentes.

Au moment du retour d'information proprement dit, les subalternes ont à identifier à leur tour sur quels aspects leur énergie sera canalisée à leur niveau ou, autrement dit, sur quelles priorités d'action ils vont collectivement travailler, l'échéancier selon lequel chaque priorité sera traitée, quelles analyses supplémentaires seront requises et à quel moment les membres de l'échelon suivant seront impliqués dans la suite du retour d'information (Mann, 1957). Il en ira de même jusqu'à ce que les membres de la base aient été rejoints, et c'est aux cadres supérieurs de s'assurer que le processus suivra adéquatement son cours. Comme il arrive fréquemment que ce retour d'information nécessite plusieurs rencontres, les participants ont à préciser, au terme de chacune, les suites à y donner, les mandats à confier et les échéances à respecter.

Après chaque rencontre, le gestionnaire qui a conduit la séance de retour d'information évalue généralement l'atteinte des objectifs de cette rencontre; il revoit le processus qui a été appliqué et, s'il y a lieu, prévoit la mise en place de correctifs, prépare la réunion suivante et fait rapport à son supérieur hiérarchique.

Les rôles du consultant

Outre la responsabilité du retour initial des données, le consultant exerce des rôles de soutien dans le milieu. Ces rôles diffèrent selon que l'on en est à l'étape de la préparation, à celle de la rencontre elle-même ou à celle de l'évaluation de cette rencontre.

Dans sa participation active à la préparation des rencontres, le consultant s'acquitte des tâches suivantes :

– Il présente d'abord à chaque gestionnaire les différentes étapes d'une séance de retour d'information et les objectifs de chaque étape.

– Il revoit les données avec chacun des gestionnaires pour s'assurer qu'elles sont bien comprises; ce faisant, il cherche à réduire les biais que le gestionnaire pourrait introduire et à accroître sa maîtrise du contenu.

– Il facilite l'expression des craintes du gestionnaire par rapport au déroulement de la séance de retour d'information.

– Il l'aide à préciser les objectifs de ce retour, à en planifier le déroulement précis et à choisir sur quelles informations il va davantage insister, en évitant toutefois que le gestionnaire élimine de l'information importante.

– Il propose au besoin des procédures de travail et des instruments susceptibles de faciliter l'atteinte des objectifs visés.

Durant la séance elle-même, le consultant joue un rôle plus effacé mais néanmoins important. Selon les besoins, il intervient en clarifiant les données, en répondant à des questions concernant la méthode de cueillette qui a été appliquée. Le consultant, de plus, se prononce sur la possibilité d'obtenir tel type d'information à partir des données recueillies et compilées (Mann, 1957). Il fournit son expertise avec prudence, anime certaines étapes particulières, conformément aux ententes prises avec le gestionnaire, fait office de secrétaire et seconde le gestionnaire dans certaines autres tâches.

Durant les pauses, il fait le point avec le gestionnaire, l'aide à dénouer certaines impasses ou à résoudre des difficultés, et suggère des processus pour analyser ou interpréter les résultats.

Après chaque séance de travail, le consultant aide le gestionnaire à évaluer l'atteinte des objectifs, fait le *debriefing* de la rencontre, et identifie, le cas échéant, les correctifs à mettre en place et aide à en planifier l'implantation. Au besoin, il aide le gestionnaire à «ventiler» ses émotions et l'assiste dans la préparation de la réunion suivante, s'il y a eu entente à cet effet.

Efficacité du retour en cascade

Le retour en cascade est une modalité efficace pour susciter des changements organisationnels significatifs et pertinents. Toutefois, cette efficacité est liée à la volonté des gestionnaires de faire de l'enquête feed-back un réel mécanisme de régulation du milieu et de ne pas en faire un processus dans lequel ils se sentent mis au banc des accusés, c'est-à-dire un processus dans lequel ils sentent que ce sont leurs compétences qui sont mises en cause et dans lequel, par conséquent, ils deviennent défensifs.

Plus le gestionnaire est ouvert au feed-back, plus il est disposé à l'analyser avec ses subalternes et à en faire les bases d'une démarche de concertation, plus ce processus sera efficace tant au chapitre des relations qu'il peut contribuer à améliorer qu'à celui de la structure du milieu et des méthodes de travail qu'il peut permettre d'ajuster (Conlon et Short, 1984).

Selon Gavin (1984), le retour en cascade représente généralement une expérience positive pour la plupart des personnes qui y participent lorsqu'il est bien géré et bien encadré. Pour les participants, ces séances sont rarement l'occasion de se détruire mutuellement ou de régler des comptes avec le gestionnaire, mais plutôt celle de participer à une démarche de solution de problèmes et de développement organisationnel.

Par ailleurs, ce retour en cascade produit beaucoup de pression de changement sur le personnel d'encadrement d'une organisation. De ce fait, le consultant doit être en mesure d'apporter l'appui nécessaire pour faire de cette expérience une expérience positive.

CONCLUSION

Après la présentation préalable au client, les données ont été soumises aux répondants qui les ont complétées, les ont validées, y ont réagi pour finalement s'entendre sur une interprétation qui fournit plus de prise sur la situation initiale.

Par la suite, les répondants ont dégagé des pistes d'action susceptibles d'améliorer la situation initiale. Ces pistes d'action seront
soumises au gestionnaire, dans l'espoir que cette démarche donne lieu
à des gestes tangibles qui produiront les effets escomptés.

Chapitre 8

Le choix des priorités d'action
et la planification des suites à donner

Les acteurs d'un système ont été mobilisés afin d'identifier les différents facteurs qui influencent une situation initiale. Ces mêmes acteurs ont retenu une ou plusieurs cibles de changement qu'ils ont soumises au responsable de ce système ou qui ont été endossées par lui. Ce chapitre traite du choix des priorités d'action et de la planification des suites à donner.

Plusieurs auteurs, dont Nadler (1977), excluent cette étape de l'enquête feed-back, et la traitent comme une activité de suivi. L'expérience de l'auteur et des recherches effectuées dans le domaine (Conlon et Short, 1984) l'incitent toutefois à conclure différemment : pour qu'une enquête feed-back soit efficace comme stratégie de changement, un plan d'action destiné à faciliter l'implantation des priorités retenues doit avoir été préparé et accepté. C'est donc par souci d'efficacité que l'auteur retient comme quatrième étape le choix des priorités d'action et la planification des suites à donner.

1. LE CHOIX DES PRIORITÉS D'ACTION

Habituellement, le choix des priorités d'action est du ressort du gestionnaire qui encadre et dirige les membres du système concernés par la situation initiale, et qui doit rendre compte des résultats obtenus à ses supérieurs. Certains gestionnaires vont préférer déléguer cette responsabilité aux répondants, tout en demeurant responsables de l'impact de ce choix.

L'application de ce principe a comme conséquence que le choix des priorités d'action se fait généralement après le retour d'information. Habituellement, ce choix s'appuie sur certains critères que le gestionnaire avait retenus lors des étapes préparatoires (voir la figure 3, question 28). En outre, ce choix est ordinairement influencé par certaines contraintes que le gestionnaire doit respecter (coûts, standards de qualité, lieux physiques, qualification professionnelle du personnel, convention collective, normes et valeurs du milieu) et par des facteurs politiques (champ de pouvoir partagé, solidarité avec des collègues, alliances à protéger).

Un deuxième principe s'ajoute au premier : avant de choisir une priorité d'action, le gestionnaire doit s'assurer qu'elle relève bien de son champ d'action et de pouvoir, et qu'il ne s'apprête pas à faire preuve d'ingérence dans un champ autre que le sien. L'application de ce principe peut être illustrée par quelques exemples.

Dans le cas de l'entreprise Alie dont il a été question au chapitre deuxième, les membres du comité auraient pu décider d'améliorer leur mode d'interaction sans que le coordonnateur n'ait à intervenir là-dessus. À partir de cet exemple, on peut affirmer qu'il existe parfois des priorités d'action relevant du champ de compétence exclusif des répondants et par rapport auxquelles l'intervention du gestionnaire est inappropriée.

À l'imprimerie Création 2001, une des causes du malaise ressenti était reliée à un conflit entre deux sous-groupes, conflit que les employés entre eux pouvaient contribuer à atténuer sans que le directeur du Service de la reliure ne s'en mêle.

Au centre hospitalier Les Jardins, en revanche, l'infirmière-chef est bien dans son champ de pouvoir lorsqu'il s'agit d'améliorer l'encadrement administratif des infirmières et des préposées. En prenant en considération différents facteurs, elle devra sans doute établir un ordre de priorité quant aux actions à entreprendre. Elle pourrait donc choisir de réaménager les réunions d'information et, parallèlement, de clarifier ses rôles et ceux de ses assistantes, après avoir demandé au responsable du Secteur formation de l'hôpital d'aider ses assistantes à développer des compétences pour donner du soutien et du feed-back appropriés au personnel du service. Quant à l'évaluation du personnel, l'infirmière-chef aurait pu, à titre d'exemple, décider d'implanter adéquatement les mécanismes de soutien avant de donner suite à cette recommandation.

Dans le cas de l'AERR, la précision de la mission relève du président et des membres du conseil d'administration qui devront sans doute faire ratifier cette orientation par les membres réunis en assemblée générale. En revanche, l'adoption de politiques qui visent à mieux adapter les services aux besoins de la clientèle repose bel et bien sur les membres du conseil d'administration. Par ailleurs, l'application de ces politiques devra être assumée par le directeur général et le personnel du secrétariat, ce qui ne constitue pas en soi un acte d'ingérence, le directeur général étant subordonné aux membres du conseil d'administration.

Quelques autres situations vont nécessiter *une concertation entre le gestionnaire et un ou plusieurs de ses collègues* avant que le premier soit en mesure de retenir une priorité d'action. C'est notamment le cas lorsque cette priorité est susceptible d'avoir une incidence sur des secteurs qui ne relèvent pas du pouvoir du gestionnaire concerné.

Dans le cas de l'imprimerie Création 2001, la modification des règles d'em-bauche, de formation et de promotion va nécessiter une concertation entre les directeurs puisque cette modification aura des impacts sur les pratiques en vigueur dans les autres services.

D'autres situations vont nécessiter *une concertation entre le gestionnaire et son supérieur hiérarchique*. Le premier devra, dans cette circonstance, bien étayer son dossier afin de convaincre son patron du bien-fondé et de la pertinence de la démarche dans laquelle il veut l'entraîner.

À l'entreprise Alie, le coordonnateur d'équipe ne peut procéder seul à la clarification du mandat de son comité de gestion puisque ce comité a été constitué par le p.-d.g. lors de la structuration de l'entreprise. En outre, pour améliorer le fonctionnement de ce comité, il devra obtenir les fonds nécessaires du p.-d.g. ou obtenir qu'une partie du budget de formation, qui est géré par le responsable du développement des ressources humaines, soit affectée à ce projet.

Dans le cas du centre hospitalier Les Jardins, l'infirmière-chef n'a pas le pouvoir d'amorcer une démarche d'amélioration de la collaboration entre les infirmières et les médecins. Elle devra donc rallier la directrice des soins infirmiers à la poursuite de ce but, qui à son tour devra convaincre le directeur des services professionnels de l'hôpital de la pertinence de ce projet.

Ces exemples servent à démontrer la complexité qui entoure parfois le choix des priorités d'action. Le consultant, sensibilisé à cette complexité, s'efforcera d'aider le gestionnaire à franchir judicieusement chacune des étapes requises, à éviter de faire de l'ingérence et à faciliter la mise en place des mécanismes de concertation qui s'avèrent nécessaires.

2. LA PLANIFICATION DES SUITES À DONNER

La responsabilité du consultant est de s'assurer que les éléments auxquels il faut donner suite sont adéquatement prévus. Habituellement, cette opération comprend les tâches suivantes :

1. Identifier les suites à donner.
2. Préparer un plan d'action.
3. Informer les membres.

Ces tâches correspondent aux étapes de la planification présentées dans l'ouvrage *Profession : consultant* mentionné dans l'introduction de cet ouvrage.

Identifier les suites à donner

L'expression *suites à donner* désigne l'ensemble des activités qui doivent être réalisées pour concrétiser les priorités d'action et atteindre ainsi les objectifs poursuivis.

Les suites à donner sont de deux ordres : les activités préalables et les activités d'implantation.

Les activités préalables sont celles qui servent à préparer le terrain : obtenir l'assentiment du supérieur ou des collègues, obtenir des fonds, vérifier l'appui des dirigeants syndicaux, dispenser telle ou telle formation, disposer d'information additionnelle sur des points particuliers.

Les activités d'implantation, quant à elles, correspondent aux actions, aux opérations qui sont nécessaires pour concrétiser les priorités d'action.

Préparer un plan d'action

Les suites à donner sont donc déterminées à la suite du choix des priorités d'action dont elles découlent. Habituellement, ces suites sont articulées par le client et le consultant. Dans le cas où la participation des acteurs aux activités d'implantation est indispensable au succès de l'entreprise, cette détermination des suites et leur implantation consécutive se font par les membres d'un comité *ad hoc*. Un tel comité est alors constitué de quatre ou cinq personnes qui acceptent de se porter volontaires, issues du milieu ou désignées par le client, avec lesquelles le consultant planifie les suites à donner. Avant de constituer le plan d'action qui sera appliqué et d'être concrétisée par des activités d'implantation, cette planification devra être approuvée par le client.

On travaille donc tout d'abord à la *préparation d'un projet global* de planification; ce projet sert à situer le chemin qu'il est nécessaire de parcourir pour concrétiser les priorités d'action qui ont été retenues. Cette planification globale est habituellement suffisante pour que le client soit en mesure d'évaluer les conséquences susceptibles d'être engendrées par la réalisation des activités prévues.

Deux procédés sont communément employés pour préparer cette planification. Le premier consiste à *utiliser l'ordre chronologique*, c'est-à-dire à inventorier les activités qui sont consécutivement nécessaires pour atteindre le résultat désiré, en considérant la situation initiale comme point de départ. Le second est *le procédé à rebours*. En partant du résultat désiré, l'activité qu'il est nécessaire de mettre en place pour le produire est identifiée, de même que celle qui est requise pour la préparer et, ainsi de suite, en remontant jusqu'à la situation initiale.

Informer les membres

Le plan d'action dont l'application a été décidée sera présenté aux membres du système-client. Ainsi, ces derniers connaîtront les suites qui sont données à la consultation à laquelle ils ont participé. Lors de cette présentation faite par le client ou les membres du comité *ad hoc*, les principales étapes, l'échéancier et la contribution des membres du système-client seront présentés avec simplicité et clarté.

Le consultant veillera à ce que les changements prévus soient gérés de façon adéquate. Aussi prendra-t-il les mesures nécessaires. Il fera donc en sorte que les résultats escomptés soient présentés avec réalisme et pondération. Il évitera la surenchère, qui conduit généralement à la frustration et à une évaluation négative des retombées d'un projet de changement. De plus, il veillera à ce que les mécanismes de formation nécessaires au perfectionnement des acteurs et au maintien d'un niveau de rendement adéquat, tant en qualité qu'en quantité, soient exposés dans le respect des compétences actuelles des acteurs concernés, et, de même, que les mécanismes de soutien prévus en cours d'implantation pour traiter adéquatement et avec diligence les problèmes qui seront rencontrés soient compris. Enfin, le consultant s'assurera que les mécanismes d'évaluation utilisés pour mesurer les effets du changement sur le milieu soient perçus de façon positive, que les ressources matérielles et techniques prévues soient connues, que les résistances des acteurs concernés puissent être exprimées et entendues et que les acteurs, le cas échéant, soient en mesure de proposer des ajustements pour améliorer l'efficacité du plan d'action.

CONCLUSION

Avec le choix des priorités d'action et la planification des suites à donner, le client et les membres du système-client sont habituellement en mesure de constater progressivement l'évolution de la situation initiale. Quant au consultant, il termine son mandat selon les étapes habituelles d'une intervention (Lescarbeau et coll., 1990, p. 245-275).

Chapitre 9
Conclusion

L'adaptation et l'innovation devraient être perçues comme étant une responsabilité organisationnelle; elles ne devraient pas être attribuables seulement aux gestionnaires ou à quelques personnes (Miles, 1969, p. 457). Cette responsabilité devrait se traduire dans des mécanismes appropriés d'évaluation et de développement récurrents.

Les membres d'un système, lorsqu'ils sont placés dans des conditions favorables, sont capables de trouver et d'implanter des solutions créatrices et de manifester un sens élevé des responsabilités dans l'élaboration de ces solutions. Cette participation au développement d'un milieu est susceptible de produire chez eux une expérience de succès psychologique (Argyris, 1962) par le constat de l'efficacité avec laquelle ils sont parvenus à esquisser des pistes de développement. Cette expérience devrait renforcer la confiance en soi des membres de ce système, mobiliser leur intérêt et leur énergie tant dans la conduite des activités courantes que dans l'implantation des changements (Miles, 1969, p. 461) et, ce faisant, assurer leur mieux-être psychologique.

1. LES CONDITIONS FAVORISANT LE CHANGEMENT

L'enquête feed-back, lorsqu'elle est conduite par des gestionnaires intègres et désireux de favoriser le développement du milieu, et lorsqu'elle est encadrée de façon rigoureuse, contribue habituellement à créer ces conditions favorables parce qu'elle produit les effets suivants:

- elle associe les personnes concernées à la définition des différents paramètres d'une situation;
- elle multiplie les angles d'attaque de cette situation;
- elle amorce une réflexion progressive qui va réduire la résistance au changement;
- elle utilise une approche de concertation entre toutes les parties concernées;
- elle fait appel à l'expérience et aux aptitudes des acteurs et, ce faisant, reconnaît leurs compétences;
- elle canalise les capacités créatrices de ces personnes.

Lorsqu'un gestionnaire poursuit des objectifs de changement et de développement, il doit veiller à la mise en place de trois conditions supplémentaires. Il doit faire en sorte que les personnes concernées soient sensibilisées à la situation qu'il faut modifier, qu'elles soient adéquatement informées des différents facteurs en cause et des contraintes incontournables à considérer, et, enfin, qu'elles accréditent l'information avec laquelle elles travaillent, c'est-à-dire qu'elles aient confiance dans la valeur de cette information.

Avec l'enquête feed-back telle qu'elle est présentée dans cet ouvrage, cette sensibilisation se réalise au tout début de la démarche, lorsque les membres du système-client sont informés de la nature du projet qui est mis en marche : ses objectifs, son contexte, les personnes impliquées, les principales étapes prévues.

Sur le plan du contenu, les différents facteurs en cause sont identifiés tout d'abord lors de l'articulation du champ d'investigation, puis, à travers les activités de la cueillette des données et de l'analyse. Le point culminant se situe lors des activités du retour d'information où les données sont alors complétées et des interprétations formulées ou confirmées, et où les acteurs s'entendent sur des pistes d'action. Une dernière identification des facteurs en cause a finalement lieu lorsque le gestionnaire prend du recul, examine ces pistes d'action en regard de la situation initiale et du contexte de l'organisation, et choisit des priorités d'action ou confirme les pistes d'action qui ont été retenues.

La confiance dans la valeur de l'information devrait être acquise grâce aux facteurs suivants :

- la multiplicité des sources d'information;
- la variété des méthodes de cueillette utilisées;
- la rigueur avec laquelle les instruments de cueillette ont été élaborés et appliqués et les données analysées.

Klein (1971), citant d'autres auteurs, estime pour sa part que la crédibilité accordée à l'information repose sur les trois facteurs suivants :

- La pertinence des sources d'information, compte tenu de la nature des informations transmises (Kerrick, 1958). Pour que les sources d'information soient pertinentes, il faut qu'elles soient en mesure de traiter le sujet à l'étude, qu'elles soient capables de prendre du recul et de fournir de l'information adéquate et, de même, que le choix des sources d'information soit approprié à l'objet d'étude et que les aspects de leur contribution soient précisés clairement, sans ambiguïté.
- La crédibilité des sources d'information (Hooland et coll., 1951). Pour que les sources d'information soient crédibles, il faut que l'information provienne de sources fiables, bien informées et qu'elle traduise des faits et non des impressions vagues ou des attributions.
- Les motifs de ceux qui fournissent l'information (Pastore et coll., 1955). Dans la mesure du possible, il faut minimiser les conflits d'intérêts. Il faut également éviter d'amorcer une cueillette lorsque les conditions de collaboration entre les personnes concernées par la situation initiale ne sont pas assurées.

2. L'EXPÉRIENCE DE MIEUX-ÊTRE PSYCHOLOGIQUE

Le processus du retour d'information produit habituellement les effets suivants :

- Il infirme certaines perceptions, ce qui déstabilise jusqu'à un certain point l'acteur impliqué. Par ailleurs, le traitement de l'information permettra ordinairement à la personne qui est déstabilisée de rétablir son harmonie émotive en intégrant des normes, des valeurs ou une vision des événements plus largement répandus dans le milieu, ou elle parviendra à modifier la perception des autres. Cette personne pourra se sentir progressivement solidaire d'un projet commun.
- Il corrobore certaines perceptions des membres du système-client, augmentant ainsi leur sécurité personnelle et professionnelle.
- Il suscite un autre niveau d'interrogation pour comprendre les fondements de certaines positions ou améliorer la compréhension des phénomènes qui affectent la dynamique du milieu, ce qui revient à élargir le champ de conscience et à faire vivre une expérience enrichissante.

Le sentiment d'efficacité influence également l'expérience de succès des membres du système-client. Klein (1971) estime que le sentiment d'efficacité des acteurs sera meilleur si se réalisent les conditions suivantes (p. 503-506):

– La personne qui présente l'information dans le cadre du retour d'information doit maîtriser le contenu, c'est-à-dire le présenter avec assurance, de façon dynamique et cohérente, faire les liens qui s'imposent entre les différents éléments du contenu et, enfin, apporter les clarifications nécessaires.

– L'information permet de considérer des problèmes significatifs ou perçus comme tels par les acteurs. Le traitement de ces problèmes permettra d'introduire non seulement des modifications secondaires mais des changements importants.

– Le gestionnaire concerné doit assister à la rencontre de retour d'information et y adopter une attitude générale d'ouverture et de confiance face aux sujets qui sont abordés.

– La discussion sur les difficultés ou les problèmes identifiés est encouragée et supportée. Les acteurs s'impliquent personnellement dans cette discussion dans la mesure où ils font confiance au gestionnaire. Ce dernier ne devra jamais utiliser par la suite des aspects de ces discussions pour récompenser ou punir des acteurs.

– Les informations sont pertinentes, significatives et utiles pour les personnes réunies. Ces personnes se sentent concernées par le sujet traité, et les décisions qui seront prises quant aux priorités d'action vont les affecter directement ou indirectement.

Miles (1969) ajoute pour sa part la condition suivante:

– Il est permis d'examiner, dans le cadre des discussions, des difficultés ou des problèmes sous-jacents à ceux qui sont considérés (p. 459).

3. L'EFFICACITÉ DE L'ENQUÊTE FEED-BACK

L'enquête feed-back est une méthode efficace pour produire des changements au sein d'une organisation (Gavin, 1983; Aplin, 1974). Cette méthode permet de traiter des données objectives fournies principalement par les principaux acteurs concernés, et qui sont analysées et interprétées, à des degrés divers, par eux (Miles, 1969, p. 459). Elle est habituellement employée pour examiner des facteurs reliés à l'exercice des rôles et du pouvoir ou à certains éléments, par exemple la culture du milieu, les interactions entre les individus et les groupes, les mécanismes de coordination et de concertation, les méthodes de travail, les politiques du milieu, les mécanismes de communication ou les facteurs de mobilisation des ressources humaines.

Gavin (1983, p. 222) et Aplin (1974, p. 525), s'appuyant sur des travaux de recherche, estiment que l'enquête feed-back est la méthode la plus efficace pour produire des changements dans le domaine du développement organisationnel et du développement des ressources humaines. À partir des recherches qu'il a conduites dans un complexe minier, Gavin estime que cette méthode est relativement efficace pour résoudre des problèmes dans une approche de collaboration entre les membres, soit le personnel d'encadrement et les subalternes (p. 245). Les gestionnaires qui craignent les pertes de temps, les affrontements stériles et les conflits émotifs devraient être rassurés par les résultats rapportés par ce praticien chercheur.

Références
et autres sources documentaires

Amba-Rao, S., « Survey Feedback in a Small Manufacturing Firm : An Application » dans *Organization Development Journal*, 1989, vol. 7, n° 2, p. 92-100.

Aplin, J.C. (jr.) et D.E. Thompson, « Feedback : Key to Survey-Based Change » dans *Public Personnel Management*, nov.-déc. 1974, p. 524-534.

Aebischer, V. et D. Oberlé, *Le groupe en psychologie sociale*, Paris, Dunod, 1990.

Alper, W. et S.M. Klein, « Impact of Feedback of Attitude Survey Data on Employees' Reactions », dans *Personnel Administration*, 1970, vol. 33, p. 54-56.

Archier, G., O. Elissalt et A. Setton, *Mobiliser pour réussir*, Paris, Éditions du Seuil, 1989.

Argyris, C., *Reasoning, Learning and Action, Individual and Organizational*, San Francisco, Jossey-Bass Pub., 1982.

Argyris, C., *Interpersonal Competence and Organizational Effectiveness*, Homewood, Ill., Irwin, 1962.

Bacharach, S.B., *Power and Politics in Organizations*, San Francisco, Jossey-Bass, 1980.

Baker, F., *Organizational Systems, General Systems Approaches to Complex Organizations*, Homewood, Ill., Richard D. Irwin, Inc., 1973.

Bartunek, J. et M.K. Moch, « First-Order, Second-Order, and Third-Order Change and Organization Development Interventions : A Cognitive Approach » dans *The Journal of Applied Behavioral Science*, 1987, vol. 23, n° 4, p. 483-500.

Below, P.J., G.L. Morrisey et B.L. Acomb, *The Executive Guide to Strategic Planning*, San Francisco, Jossey-Bass Publishers, 1987.

Bordeleau, Y., *Gestionnaires performants... Comment expliquent-ils leur succès ?*, Laval, Éditions Agence d'Arc, 1992.

Bowers, D.G., «O.D. Techniques and their Results in 23 Organizations, The Michigan ICL study», dans *Journal of Applied Behavioral Sciences*, 1973, n° 9, p. 21-43.

Bowers, D.G. et J.L. Franklin, *Survey-Guides Development: Data-Based Organizational Change*, Toronto, University Associates of Canada, 1977.

Bowers, D.G., «The scientific data based approach to organization development», sous la dir. de A.L. Hite, *Organizational development: The state of the art*, Ann Arbour, Mich., Foundation for Research on Human Behavior, 1971.

Bradford, D.L. et A.R. Cohen, *Managing for Excellence, The Guide to Developing High Performance in Contemporary Organizations*, Toronto, John Wiley and Sons, 1984.

Brunet, L., *Le climat de travail dans les organisations*, Montréal, Éditions Agence d'Arc, 1983.

Campbell, J.P., «The Role of Theory in Industrial and Organizational Psychology» sous la dir. de M.D. Dunnette et L.M. Hough, *Handbook of Industrial and Organizational Psychology*, Palo Alto, Cal., Consulting Psychologists Press Inc., 1990, deuxième édition, tome 1, p. 39-73.

Cantor, N. et J.F. Kihlstrom, *Personality and Social Intelligence*, Englewood Cliffs, N.J., Prentice Hall, 1987.

Cartwright, D., «Achieving Change in People: Some Applications of Group Dynamics Theory», dans *Human Relations*, 1951, n° 4, p. 381-392.

Conlon, E.J. et L.O. Short, «Survey Feedback as a Large-Scale Change Device: An Empirical Examination», dans *Groupe and Organization Studies*, 1984, vol. 9, n° 3, p. 399-416.

Crozier, M. et E. Friedberg, «Le pouvoir comme fondement de l'action organisée», sous la dir. de R. Tessier et Y. Tellier, *Changement planifié et développement des organisations*, tome 3 : *Théories de l'organisation personnes, groupes, systèmes et environnements*, Québec, Les Presses de l'Université du Québec, 1991, p. 133-153.

Darveau, A., «Le design des systèmes sociaux», sous la dir. de R. Tessier et Y. Tellier, *Changement planifié et développement des organisations*, tome 5 : *Théories du changement social intentionnel, Participation, expertise et contraintes*, Québec, Les Presses de l'Université du Québec, 1991, p. 97-139.

Dayal, I. et J.M. Thomas, «Operation K.P.E.: Developing a new organization» dans *The Journal of Applied Behavioral Science*, 1968, n° 4, p. 473-506.

De Landsheere, G., *Introduction à la recherche en éducation*, Paris, Armand Colin-Burrelier, 1972.

Duquette, R., *Intervenir auprès des systèmes organisationnels: analyse axiale et multidimensionnelle de deux approches-types de la pratique de la consultation*, Essai-synthèse, Sherbrooke, Département de psychologie, Université de Sherbrooke, 1992.

Dyer, W.G., *Team Building: Strategies and Alternatives*, Reading, Mass., Addison-Wesley, 1977.

Festinger, L., *A Theory of Cognitive Dissonance*, Evanston, Ill., Row Peterson, 1957.

French, J.R.P. et B. Raven, «The Bases of Social Power» sous la dir. de D. Cartwright, *Studies in Social Power*, Ann Arbor, Mich., Institute for Social Research, 1959.

French, W.L. et C.H. Bell (jr), *Organization Development, behavioral science interventions for organization improvement*, Englewood Cliffs, New Jersey, Prentice-Hall, 1973.

Fortin, A., «Le gestionnaire et la psychologie du pouvoir», sous la dir. de R. Tessier R et Y. Tellier, *Changement planifié et développement des organisations*, tome 4: *Pouvoir et culture organisationnels*, Québec, Les Presses de l'Université du Québec, 1991, p. 1-34.

Gavin, J.F., «Survey Feedback: The Perspectives of Science and Practice» dans *Group and Organization Studies*, 1984, vol. 9, n° 1, p. 29-70.

Gavin, J.F. et P.A. Krois, «Content and Process of Survey Feedback Sessions and Their Relation to Survey Responses: An Initial Study» dans *Group and Organization Studies*, vol. 8, n° 2, juin 1983, p. 221-247.

Goldberg, B. et G.G. Gordon, «Designing Attitude Surveys for Management Action» dans *Personnel Journal*, 1978, vol. 57, n° 10, p. 546-550.

Goode, R.V., «How to Get Better Results from Attitude Survey», dans *Personnel Journal*, vol. 52, mars 1973, p. 187-193.

Goyette, F. et M. Lessard-Hébert, *La recherche-action, ses fonctions, ses fondements et son instrumentation*, Québec, Les Presses de l'Université du Québec, 1987.

Harrison, E.L. et P.H. Pietri, «Achieving Cultural Change Through Management Training and Survey Feedback: A Case Study» dans *Organization Development Journal*, 1991, vol. 9, n° 4, p. 66-73.

Harrison, R., «Role negociation a tough-minded approach to team development» sous la dir. de M.L. Berger et P.J. Berger, *Group training techniques*, Epping, Essex, Gover Press Ltd, 1972, p. 83-95.

Hausser, D.L., P.A. Pecorella et A.L. Wissler, *Survey-guided Development II: A Manual for Consultants*, La Jolla, Calif., University Associates, 1957.

Hawk, D.L., «Effective Attitude Surveys» dans *Personnel Journal*, 1978, vol. 57, n° 7, p. 384-389.

Hersey, P. et K.H. Blanchard, *Management of Organizational Behavior, Utilizing Human Resources*, Englewood Cliffs, N. J., Prentice Hall, 1988.

Huse, E.F., *Organization Development and Change*, New York, West Publishing Co., 1975.

Javeau, C., *L'enquête par questionnaire*, Bruxelles, Éditions de l'Université de Bruxelles, 1971.

Kast, F.E. et J.E. Rosenzweig, «Le point de vue moderne, Une approche systémique», sous la dir. de R. Tessier et Y. Tellier, *Changement planifié et développement des organisations*, tome 3: *Théories de l'organisation, personnes, groupes, systèmes et environnements*, Québec, Les Presses de l'Université du Québec, 1991, p. 303-333.

Klein, S.M., A.I. Kraut et A. Wolfson, «Employee Reaction to Attitude Survey Feedback: A Study of the Impact of Structure and Process», dans *Administrative Science Quaterly*, décembre 1971, vol. 16, n° 4, p. 497-514.

Kouzes, J.M. et B.Z. Posner, *The Leadership Challenge, How to Get Extraordinary Things Done in Organizations*, San Francisco, Jossey-Bass Publishers, 1988.

Kraut, A.I., « Opinion Surveys; Turning Results into Action » dans *Personnel*, 1966, vol. 43, p. 58-65.

L'Ecuyer, R., *Méthodologie de l'analyse développementale de contenu, Méthode GPS et Concept de soi*, Québec, Les Presses de l'Université du Québec, 1990.

Lecomte, R. et L. Rutman, *Introduction aux méthodes de recherche évaluative*, Québec, Les Presses de l'Université Laval, 1982.

Lefebvre, G., *Savoir organiser, savoir décider, Le management d'aujourd'hui*, Montréal, Les Éditions de l'Homme et les Éditions du CIM, 1975.

Lefrançois, R., *Stratégies de recherche en sciences sociales, Applications à la gérontologie*, Montréal, Les Presses de l'Université de Montréal, 1992.

Lescarbeau, R., *Diagnostic organisationnel établi à partir du contexte de la gestion des ressources humaines dans la fonction publique du Québec et rapport des colloques régionaux ayant pour thème : La ressource humaine au centre de la gestion*, Québec, Comité consultatif de la gestion du personnel et Office des ressources humaines, 1991.

Lescarbeau, R., M. Payette et Y. St-Arnaud, *Profession : consultant*, Montréal, Les Presses de l'Université de Montréal, collection « Intervenir », 1990.

Lescarbeau, R., M. Payette et Y. St-Arnaud, *Devenir consultant, instrument autogéré de formation*, Montréal, Les Presses de l'Université de Montréal et Les Éditions de l'Université de Sherbrooke, 1985.

Lewin, K., *Psychologie dynamique*, Paris, Les Presses universitaires de France, 1967.

Likert, R. et J.G. Likert, *New Ways of Managing Conflict*, Montréal, McGraw-Hill Book Company, 1976.

London, M., A.J. Wohlers et p. Gallagher, « A Feedback Approach to Management Development » dans *Journal of Management Development*, 1990, vol. 9, n° 6, p. 17-31.

Maillet, L., *Psychologie et organisations*, Montréal, Éditions Agence d'Arc, deuxième édition, 1988.

Maier, N.R.F., *Problem-solving Discussions and Conferences*, New York, McGraw-Hill, 1963.

Mann, F.C., « Studying and Creating Change : A Mean to Understanding Social Organization » dans *Research in Industrial Relations*, Industrial Research Association Publication, 1957, n° 17, p. 146-167.

Miller, J.G. et A.K. Rice, *Systems of Organization*, London, Tavistock Institute, 1967.

Miles, M.B., H.A. Hornstein, D.M. Callahan, P.H. Calder et R.S. Schiavo, « The Consequence of Survey Feedback : Theory and Evaluation » Sous la dir. de W.G. Bennis, K.D. Benne et R. Chin, *The Planning of Change*, 2ᵉ édition, Montréal, Holt, Rinehart et Winston, Inc., 1969, p. 457-468.

Mintzberg, H., *Le manager au quotidien*, Paris, Les Éditions d'organisation et Les Éditions Agence d'Arc, 1984.

Mintzberg, H., *Structure et dynamique des organisations*, Paris, Les Éditions d'organisation et Les Éditions Agence d'Arc, 1986a.

Mintzberg, H. *Le pouvoir dans les organisations*, Montréal, Les Éditions Agence d'Arc, 1986b.

Mohrman, S., A. Mohrman, R. Cooke et R. Duncan, « A Survey Feedback and Problem-Solving Intervention in a School District : We'll Take the Survey but you Can Keep the Feedback » sous la dir. de P.H. Mirvis et D.N. Berg, *Failures in Organization Development and Change*, Toronto, John Wiley and Sons, 1977, p. 149-190.

Nadler, D.A., *Feedback and Organization Development : Using Data-Based Methods*, Don Mills, Ont., Addison-Wesley Publishing Co., 1977.

Nadler, D.A., « The Use of Feedback for Organizational Change : Promises and Pitfalls » dans *Group and Organization Studies,* 1976, vol. 1, n° 2, p. 177-186.

Neff, F.W., « Survey Research : A Tool for Problem Diagnosis and Improvement in Organizations » sous la dir. de S.M. Miller et A.W. Gouldner, *Applied Sociology*, New York, The Free Press, 1965.

Ouellet, A. *Processus de recherche, Une approche systémique*, Québec, Les Presses de l'Université du Québec, 1981.

Payette, M., « Développement communautaire et développement organisationnel », sous la dir. de R. Tessier et Y. Tellier, *Changement planifié et développement des organisations*, tome 5, *Théories du changement social intentionnel, Participation, expertise et contraintes*, Québec, Les Presses de l'Université du Québec, 1991, p. 197-216.

Peters, T., *Le chaos management*, Paris, InterÉditions, 1988.

Poupart, R. et B. Hobbs, « Culture et développement organisationnels. Concepts théoriques et guide pratique » sous la dir. de R. Tessier et Y. Tellier, *Changement planifié et développement des organisations*, tome 4, *Pouvoirs et cultures organisationnels*, Québec, Les Presses de l'Université du Québec, p. 155-174.

Rosnay, J., *Le macroscope*, Paris, Le Seuil, 1975.

Rossiter, C. et W.B. Pearce, *Communicating personnally : A Theory of Interpersonal Communication and Human Relationship*, Speech Communication Series, 21, Indianapolis, Bobbs-Merril, 1975.

Saint-Pierre, H., *La participation, pour une véritable prise en charge responsable*, Québec, Les Presses de l'Université Laval, 1975.

Savoie, A., *Le perfectionnement des ressources humaines en organisation, théories, méthodes et applications*, Montréal, Éditions Agence d'Arc, 1987.

Schein, E.H., *Organizational Culture and Leadership*, San Francisco, Jossey-Bass Publishers, 1985.

Scott, W.G. et T.R. Mitchell, *Organization Theory, A Structural and Behavioral Analysis*, Homewood, Ill., Richard D. Irwin Inc., 3ᵉ édition, 1976.

Shipper, F. et C.P. Neck, « Subordinates' Observations : Feedback for Management Development » dans *Human Resource Development Quarterly*, 1990, vol. 1, n° 4, p. 371-385.

Siorta, D., « Why Managers Don't Use Attitude Survey Results » dans *Personnel,* 1979, n° 47, p. 24-35.

Smith, P.C., L.M. Kendall et C.L. Hulin, *The Measurement of Satisfaction in Work and Retirement: A Strategy for the Study of Attitudes*, Chicago, Rand McNally, 1969.

St-Arnaud, Y., *Connaître par l'action*, Montréal, Les Presses de l'Université de Montréal, collection «Intervenir», 1992.

St-Arnaud, Y., *Les petits groupes, participation et communication*, Montréal, Les Presses de l'Université de Montréal, 1989.

St-Arnaud, Y., *La personne humaine*, Montréal, Les Éditions de l'Homme et les Éditions du CIM, 1974.

Thier, M., «Steering the Leader Ship» dans *Journal for Quality and Participation*, juin 1990, p. 22-23.

Tichy, N.M. et M.A. Devanna, *The Transformational Leader*, Toronto, John Wiley and Sons, 1990.

Trudel, R. et A. Rachad, *Méthodes quantitatives appliquées aux sciences humaines*, Montréal, Centre éducatif et culturel inc., 1991.

Vroom, V.H. et A.G. Jago, «Decision making as a social process: Normative and descriptive models of leader behavior», dans *Decision-science*, 1974, n° 5, p. 743-769.

Vroom, V.H. et A.G. Jago, *The New Leadership, Managing Participation in Organizations,* Englewood Cliffs, New Jersey, Prentice Hall, 1988.

Warheit, G., R. Bell et J. Schwab, *Needs Assessment Approaches: Concepts and Methods*, Washington, DHEW Publication, 1977.

Watzlawick, P., J. Weekland et R. Fisch, *Changements: paradoxe et psychothérapie*, Paris, Le Seuil, 1974.

Weeland, G.F. et R.A. Ullrich, *Organizations: Behavior, Design and Change*, Georgetown, Ont., Irwin-Dorsey Ltd, 1976.

Wymer, W.E. et J.M. Carsten, «Employee Survey Services: Know What You're Getting» dans *Human Resources Professional*, 1992, vol. 4, n° 3, p. 61-64.

Index